55
CITY-TRIPS
DIE BESTEN SPOTS IN GANZ EUROPA

GET AWAY!

POLYGLOTT

INHALT

WESTEUROPA 4

1 EDINBURGH 6
2 BELFAST 10
3 DUBLIN 14
4 MANCHESTER 18
5 LONDON 20
6 AMSTERDAM 26
7 BRÜGGE 30
8 ANTWERPEN 34
9 BRÜSSEL 36
10 PARIS 40
11 STRASSBURG 44
12 LYON 46
13 MARSEILLE 48

NORD- UND OSTEUROPA 52

14 STOCKHOLM 54
15 OSLO 60
16 TURKU 64
17 HELSINKI 66
18 TALLINN 70
19 RIGA 74
20 GÖTEBORG 78
21 KOPENHAGEN 80
22 DANZIG 86
23 WARSCHAU 88
24 KRAKAU 92

MITTELEUROPA — 94

- 25 STRALSUND — 96
- 26 HAMBURG — 98
- 27 BERLIN — 102
- 28 ERFURT — 106
- 29 BAMBERG — 108
- 30 HEIDELBERG — 110
- 31 MÜNCHEN — 114
- 32 FREIBURG — 120
- 33 BASEL — 122
- 34 ZÜRICH — 124
- 35 PRAG — 128
- 36 WIEN — 132
- 37 GRAZ — 136

SÜDEUROPA — 138

- 38 LISSABON — 140
- 39 PORTO — 144
- 40 SEVILLA — 148
- 41 MADRID — 152
- 42 VALENCIA — 156
- 43 BARCELONA — 158
- 44 VENEDIG — 162
- 45 FLORENZ — 166
- 46 ROM — 168
- 47 PALERMO — 174

SÜDOSTEUROPA — 176

- 48 BUDAPEST — 178
- 49 BRATISLAVA — 182
- 50 LJUBLJANA — 184
- 51 BELGRAD — 188
- 52 DUBROVNIK — 192
- 53 TIRANA — 194
- 54 ATHEN — 196
- 55 ISTANBUL — 202

IMPRESSUM — 208

WESTEUROPA

Nicht nur in Frankreich genießt man göttlich, wenn man die Lyonaiser Küche mit der Zunge oder die Calanques bei Marseille mit den Augen verschlingt. Westeuropa lässt einen in Brügge tief in die Geschichte eintauchen und mit Amsterdams Oostelijk Havengebied wieder ganz in der Gegenwart ankommen. Auf den Britischen Inseln treffen altehrwürdige, traditionsreiche Städte auf herrliche Landschaften und von der industriellen Revolution elektrisierte Metropolen auf imposante Küsten. Ein Fest für alle Sinne, bei dem Geschichtsgenuss auch immer Genussgeschichte ist.

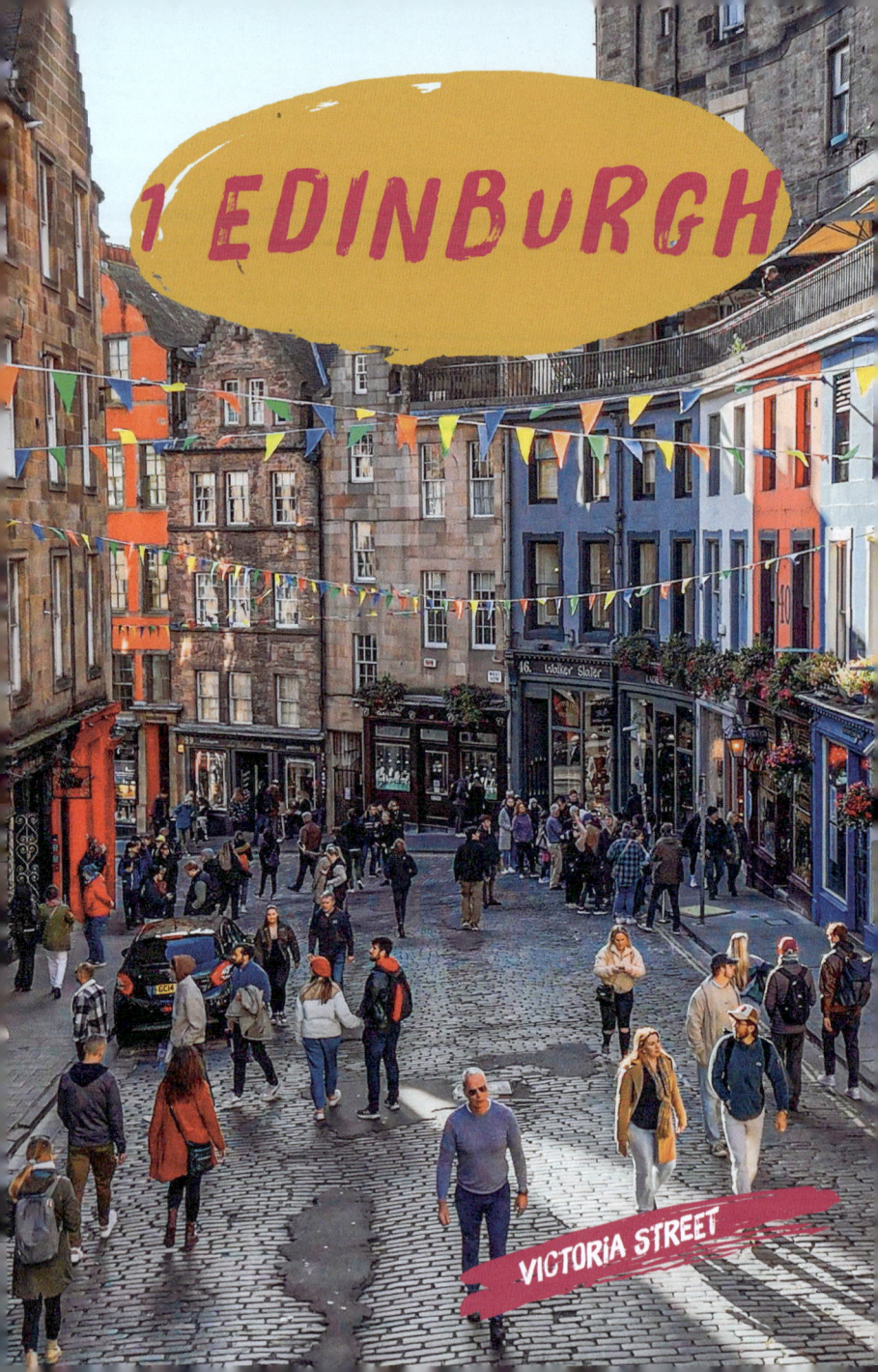

Wann eigentlich wird hier nicht irgendetwas gefeiert, fragt man sich, wenn wieder einmal ein grandioses Feuerwerk die mächtige Burg erhellt und gestandene Männer im Schottenrock Dudelsack blasen. Alles Klischee? Nicht im Sommer, wenn auf der Esplanade des Edinburgh Castle das Military Tattoo stattfindet: ein farbenfroher »großer Zapfenstreich«.

Das Military Tattoo vor dem Hintergrund der illuminierten Burg ist der populärste Bestandteil des Edinburgh International Festival of Music and Drama, zu dem zwischen Mitte August und Anfang September alles kommt, was auf den Bühnen dieser Welt Rang und Namen hat. Mit klassischen Opern-, Theater-, Ballett- und Konzertaufführungen ist dieses Festival eine eher formelle Veranstaltung. Ganz anders dagegen das Edinburgh Festival Fringe, das im August mit über 15 000 Veranstaltungen die Stadt ins kulturelle Rampenlicht Europas rückt. Hier dominieren Dynamik, Kreativität und Überschwang die Szene, denn niemand schreibt den Künstlern des Fringe vor, was sie tun können oder lassen müssen. Besonders beliebt ist Stand-up-Comedy. Schon Monty Python's Flying Circus hat auf dem Fringe-Festival seine ersten Erfolge gefeiert.

IN DER OLD TOWN

And Now For Something Completely Different! Obwohl nicht wirklich, denn es bleibt kulturell. Es war ja noch gar nicht die Rede von Edinburgh selbst, seiner mittelalterlichen Altstadt und seiner prachtvollen, aus vier Straßen bestehenden Royal Mile, die Daniel Defoe 1724 als »größte, längste und vornehmste Straße Britanniens, ja der Welt« rühmte. Im Sommer verwandelt sie sich in eine einzige große Festivalbühne. Sie verbindet Edinburgh Castle im Westen mit Holyrood Palace im Osten, wo sich die offizielle Residenz des britischen Königs in Schottland und das neue Scottish Parliament befinden. Letzteres ist ein interessanter, jedoch umstrittener Bau des katalanischen Architekten Enric Miralles. Von hier kann man durch den Holyrood Park wandern, eine Wildnis mitten in der Stadt, deren Felszacken, Moore, Glens und Lochs geradezu einen Mikrokosmos schottischer Naturlandschaften bilden. Vorher sollte man aber noch beim Grassmarket vorbeischauen, dem großen Platz im mittelalterlichen Stadtkern. Er ist einer der lebendigsten und quirligsten Orte Edinburghs mit zahlreichen Shops, Pubs, nächtlichem

REISEZEIT

Zum Wandern und Entdecken ist es im Mai, Juni und September am schönsten in Edinburgh. Und im Winter? Klar doch! Hogmanay, das schottische Pendant zum New Year (Silvester), wird hier besonders ausgelassen gefeiert.

Gewusel und ein wenig Grusel: Der Platz war nämlich bis ins 18. Jahrhundert hinein auch eine Hinrichtungsstätte. Angeblich soll eine wegen Mordes an ihrem neugeborenen Kind gehängte Frau 1724 nach der Exekution wieder zum Leben erwacht sein. Nach dieser »Half-Hangit Maggie« ist der Pub Maggie Dickson's am Grassmarket benannt.

ATHEN DES NORDENS: DIE NEW TOWN

Noch vor rund 250 Jahren erstreckte sich nördlich der Royal Mile der übel riechende sumpfige Graben Nor' Loch unterhalb der Burg, bis der damals erst 22-jährige Architekt James Craig hier mit Zirkel und Lineal eine höchst sehenswerte neoklassizistische New Town konzipierte, die mit ihren Säulen und Tempelgiebeln, ihren vornehmen Parks und dem herrlichen Royal Botanic Garden Edinburgh zu einem »Athen des Nordens« machte. Die hochkarätige National Gallery of Scotland, die sich neben europäischen Meisterwerken auch der schottischen Malerei des 18. und 19. Jahrhunderts widmet, sowie zahlreiche Galerien für zeitgenössische Kunst sorgen dafür, dass Edinburgh nicht nur zu Festivalzeiten den Besuch lohnt.

EDINBURGH VON OBEN

Wie Rom ist Schottlands Hauptstadt auf sieben Hügeln erbaut, einer davon ist der 103 Meter hohe Calton Hill. Er bietet eine grandiose Aussicht über Old und New Town und hinüber zur Burg. Man beginnt den rund 10-minütigen Aufstieg entweder von Waterloo Place aus, der östlichen Verlängerung der Princess Street (der Haupteinkaufsstraße der Stadt), oder läuft vom Holyrood Palace quer über den Friedhof New Calton Burial Ground. Oben auf dem Hügel angekommen, findet man noch die Fragmente einer im 19. Jahrhundert unvollendet gebliebenen »schottischen Akropolis«, noch bedeutender aber ist das St. Andrew's House, ein Art-déco-Gebäude aus den 1930er-Jahren, in dem seit 1999 die teilautonome schottische Regierung ihren Sitz hat. Der Turm des 1816 fertiggestellten Nelson Monument kann gegen Gebühr bestiegen werden. Sehr romantisch ist es auf dem Calton Hill, wenn die Sonne untergeht.

BEGEHRTES FOTOMOTIV AUF DEM CALTON HILL: DUGALD STEWART MONUMENT.

Und früh am Morgen hat man den Hügel und die Aussicht auf die Stadt (fast) für sich allein.

Wer noch höher hinauf will und den anstrengenden, etwa einstündigen Aufstieg nicht scheut, macht sich auf den Weg zum Holyrood Park und erklimmt Edinburghs Hausberg, den 251 Meter hohen **Arthur's Seat:** grandioser Panoramablick bei gutem Wetter garantiert und Stoff für eine weitere, fast 200 Jahre zurückliegende Gruselgeschichte – die der 17 kleinen Holzsärge. Näheres darüber erfährt man im grandiosen **National Museum of Scotland,** dessen weiße Haupthalle mit gläsernem Dach allein schon einen Besuch wert ist und die zu den schönsten Plätzen der Stadt zählt.

Vom Arthur's Seat in etwa 2,5 Kilometer Luftlinie entfernt, thront die mächtige Burganlage **Edinburgh Castle** steile 80 Meter über der Stadt auf einem erloschenen Vulkan. Der ruppige Nordseewind hält dort oben Schottlandfahnen und Möwen in ständiger Bewegung. Sie entstand wohl im 11. Jahrhundert zur Zeit König Malcolms III. Anno 1371 kam die Burg an das Haus Stuart, das fortan die schottischen, zwischen 1603 und 1714 auch die englischen Könige stellte. Zu sehen gibt es bei einem Rundgang jede Menge: den Royal Palace, die Great Hall, das Queen Anne Building und, als ältestes Gebäude Edinburghs, die romanische St. Margaret's Chapel. Draußen lässt sich Mons Meg bestaunen, eine Riesenkanone von 1449. Nicht erschrecken sollte man um 13 Uhr, wenn (außer sonntags) die One O'Clock Gun donnert.

ÜBERNACHTUNGEN

›› The Balmoral

Das 1902 im Baronial Style errichtete 5-Sterne-Bahnhofshotel in der Princess Street heißt erst seit 1991 Balmoral. Im Gästebuch stehen u. a. Leute wie Stan Laurel & Oliver Hardy, Sean Connery und J. K. Rowling, die 2007 hier ihre Harry-Potter-Reihe abschloss. Die berühmte Turmuhr in 58 Meter Höhe geht drei Minuten vor, damit kein Gast den Zug verpasst.
www.roccofortehotels.com/hotels-and-resorts/the-balmoral-hotel

›› Grassmarket Hotel

Das inmitten der quirligen Altstadt gelegene Hotel hat kleine, aber pfiffig designte Zimmer. Auf dem Bett liegend, lässt sich der Stadtplan in Tapetenwandgröße studieren. Zum Edinburgh Castle sind es laut der (witzigen) Website nur 420 Schritte. Direktbucher erhalten einige attraktive Vergünstigungen.
www.grassmarkethotel.co.uk

›› High Street Hostel

Ein altes Gemäuer, zentral gelegen, ideal für Rucksacktouristen: Das Hostel bietet 15 Schlafsäle, vier 4-Bett- und zwei Doppelzimmer, die Küche steht allen offen. Clubsessel, Billard und Ritterrüstungen verleihen der Lounge eine heimelige Atmosphäre.
www.highstreethostel.com

In Belfast, der Hauptstadt Nordirlands, sprechen die Häuserwände: Sie sind Geschichtsbücher, Kunstwerke und Symbole der Hoffnung. Die berühmten, über die ganze Stadt verstreuten Murals zeugen u. a. von dem blutigen Nordirlandkonflikt zwischen protestantischen Loyalisten und katholischen Republikanern, der zwischen den 1960er- und 1990er-Jahren seine letzte heiße Phase erlebte.

A ber Vorsicht! Man läuft Gefahr, den Facettenreichtum und die Attraktivität einer Stadt zu übersehen, die doch so viel mehr zu bieten hat als diesen Konflikt. Vor allem ist Belfast immer in Bewegung – und zwar zu Wasser, zu Land und in der Luft. Als Hafenstadt in einer Bucht an der Flussmündung des Lagan gelegen, wurde hier das berühmteste Schiff der Welt gebaut, die **Titanic.** Noch heute zeigt sich die Bedeutung der Schifffahrt für die Stadt an den beiden gigantischen Schiffskränen **Samson und Goliath,** die mit ihren biblischen Ausmaßen von 96 (Goliath) und 106 (Samson) Meter Höhe und einer Breite von jeweils 140 Metern das Stadtpanorama überragen. Mit den Short Brothers hat sich auch bis heute ein renommierter Flugzeughersteller in der Stadt behauptet. In Belfast wurde außerdem das legendäre Auto gefertigt, mit dem man nicht nur von A nach B, sondern auch »Zurück in die Zukunft« reisen kann: der DeLorean DMC-12. Und auch von der Kultur kann man viel erwarten: Fantastische Museen und eine dynamische Kreativszene machen die Stadt an allen Ecken ebenso lebens- wie sehenswert. Und nicht zu vergessen: die zahlreichen **Murals** in East und West Belfast, die man zu Fuß oder auf einer der berühmten **Black Taxi Touren** besichtigen kann.

TITANIC GALLERY IM HAFENQUARTIER

Der Mythos Titanic, die Realität seiner Entstehung und das Unglück der Jungfernfahrt, das alles hat sich nicht erst seit dem gleichnamigen Film ins kollektive Gedächtnis eingeprägt. Gebaut und vom Stapel gelassen – die originalen Slipways kann man bei einem Spaziergang erkunden – wurde das Mammutprojekt genau hier, wo seit 2012 das gigantische Museum **Titanic Belfast** an der Waterfront in den Himmel ragt. Seine Höhe entspricht genau der Bauhöhe der Titanic im Trockendock, während sich bei der Fassade der Gedanke an einen Eisberg aufdrängt. In insgesamt neun

REISEZEIT

Seit 1988 findet das zweiwöchige Féile an Phobail statt, das von West Belfast seinen Ausgang nimmt und überall in Form zahlreicher Veranstaltungen und einem umfassenden Kulturprogramm für Feststimmung sorgt. Als ein Fest zur Völkerverständigung gehört es mittlerweile zu den größten Stadtfesten Europas.

Westeuropa

DAS CATHEDRAL QUARTER ZÄHLT ZU DEN BUNTESTEN STADTTEILEN BELFASTS.

Bereichen erfährt man eindrücklich alles über die kurze Lebensspanne und das lange Nachwirken dieses Schiffs. Und mit der SS Nomadic kann ganz in der Nähe auch das letzte erhaltene Schiff der »White Star Line« besichtigt werden. Die Bauarbeiten im neuen Viertel **Titanic Quarter** sind noch nicht beendet, weitere Flächen werden neu erschlossen.

MUST-SEE

1906 eröffnet, ist es nicht das Alter, mit dem die schicke, im historischen Neobarockstil errichtete **Belfast City Hall** Besucher anlockt. Es sind die Details, die ihren besonderen Charme und ihre Bedeutung für die Stadtgeschichte ausmachen. Hier hielt Georg V. eine seiner wichtigsten Reden, die eine Annäherung zwischen Loyalisten und Republikanern bewirkte, und an die eine kleine Ausstellung im Rathaus erinnert. Das Gebäude selbst imponiert durch eine herrliche Marmorgalerie und die Buntglasfenster, die von der Geschichte Belfasts künden. Auch ein Gang um das Gebäude ist besonders lohnenswert. Die schöne Parkanlage ist gespickt mit Denkmälern zur nordirischen Geschichte. Besonders das **Titanic Memorial** und der eindrucksvolle **Belfast Cenotaph,** mit dem der Opfer des Ersten Weltkriegs gedacht wird, sind äußerst sehenswert.

Heute dient das prächtige **Belfast Castle** aus dem 19. Jahrhundert, das etwas außerhalb der Stadtgrenzen Belfasts liegt, vor allem für Veranstaltungen und Hochzeiten. Und auch wenn es kein ausgewiesenes Touristenprogramm gibt, um die Räumlichkeiten zu besichtigen, lohnt sich der Besuch. Das Besucherzentrum mit kleiner Ausstellung bietet viele spannende Einblicke in die Vergangenheit, vor allem aber gewährt es einen fantastischen Ausblick: Das Schloss steht am Fuß des Cave Hill auf 120 Meter Höhe, von wo der Blick weit über Belfast und seine Meeresbucht streifen kann. Herrlich ist auch ein Spaziergang durch den dazugehörigen Park, der zusammen mit dem sich bietenden Panorama eine einzigartige Augenweide darstellt.

Das Ulster Museum liegt nicht nur herrlich am Rande der Botanischen Gärten, die im Sommer für Musikfestivals genutzt werden, es beherbergt auch eine unfassbar reiche und an beeindruckenden Exponaten überbordende Sammlung. Die Kollektion lässt die Geschichte Nordirlands Revue passieren und reicht zurück bis in die Zeit der Dinosaurier. Einen besonderen Schatz bilden die Artefakte der vor Nordirland gesunkenen spanischen Galeasse Girona. Gold, Silber und Edelsteine wurden 1967 geborgen und gehören genauso zur Ausstellung wie schiffsübliche Gerätschaften. Farbige Pfade auf dem Boden führen in die verschiedenen Abschnitte der Zoologie, Botanik, Kunst und Archäologie.

MARKT-KALEIDOSKOP

In der Nähe der Belfast City Hall und der Waterfront kann man in der viktorianischen Markthalle aus dem Jahr 1896 von Freitag bis Sonntag auf dem preisgekrönten, farbenfrohen St George's Market bei rund 200 Markleuten und Händlern einkaufen, vorbei an dunkelgrünen Eisensäulen und Verkaufsständen schlendern, die eine oder andere Köstlichkeit probieren, lokaler Live-Musik lauschen und auf dem Sonntagsmarkt auch noch Handwerkskunst und Antiquitäten bestaunen.

ÜBERNACHTUNGEN

>> **Titanic Hotel**

Den Geburtsort der Titanic zu besuchen ist ein Muss – vis-à-vis des Museums und des original Trockendocks zu übernachten, eine ganz besondere Erfahrung. Das Hotel schlägt gekonnt den Bogen von Jugendstil und nautischen Elementen hin zu topmoderner Ausstattung und perfektem Service.
www.titanichotelbelfast.com

>> **Hastings Europa Hotel**

Während der Unruhen wurde das Hotel wiederholt Ziel von Bombenattentaten. Seine noch heute klassizistisch-stolze Fassade und die luxuriöse Ausstattung der Räumlichkeiten lassen erkennen, dass man sich hier nicht hat unterkriegen lassen und immer noch Top-Service bietet.
www.hastingshotels.com/europa-belfast

>> **Harpers Boutique**

Viktorianischer Flair herrscht in diesem gutbürgerlichen Backsteinhaus, das mit einem gemütlichen Ambiente aufwartet. Die Einrichtung der Zimmer ist modern und funktional; ein großer Gemeinschaftsraum sowie der schön restaurierte Frühstücksraum bilden das Herzstück des Hotels.
harpersbelfast.wixsite.com/harpers-boutique

»Let's celebrate!«, heißt es alljährlich am 16. Juni in Dublin, denn am sogenannten Bloomsday begibt sich Irlands Hauptstadt auf die Spuren des Schriftstellers James Joyse und der Protagonisten seines Romans »Ulysses«. Der im Roman beschriebene 16. Juni 1904 im Leben von Stephen Daedalus, Leopold und Molly Bloom wird jedes Jahr mit Lesungen, Kostümierungen und in den Pubs ausgiebig gefeiert.

Einerseits Irland, wie man es sich vorstellt, andererseits eine moderne Metropole von außergewöhnlichem Charme und spannender Architektur: Das ist Dublin. Eingerahmt von Meer und Bergen, liegt die Stadt am Fluss Liffey, der sie untergliedert in einen eher proletarischen Norden und den wohlhabenderen Südteil mit dem Regierungsviertel und der alten Universität. Dort sind auch die wichtigsten Sehenswürdigkeiten zu finden: Dublin Castle, das Trinity College mit seinen unvergleichlichen Bibliotheksschätzen, St Patrick's Cathedral sowie die Nationalmuseen. Am Südufer der Liffey erstrecken sich auch die engen, kopfsteingepflasterten Gassen von Temple Bar, dem legendären Kultur- und Ausgehviertel Dublins. 1742 wurde hier Händels »Messias« uraufgeführt; heute kann man zu trendigen Beats die Nacht durchtanzen oder in uralten Pubs traditionelle irische Musik hören. Leicht kommt man an der Theke mit Einheimischen ins Gespräch. Die »Dubs« – wie sie sich selbst nennen – begegnen Touristen mit großer Herzlichkeit. Es kann gut sein, dass man im Pub über die Verhältnisse zwischen der Dubliner »Northside« und der »Southside« aufgeklärt wird oder lohnende Tipps für Ausflüge ins Umland bekommt. Das eine oder andere Pint und ein Irish Stew gehören selbstverständlich dazu.

NICHT NUR U2

Nach Dublin pilgern nicht nur Freunde der Folkmusik, die Stadt ist auch eine der großen Pop- und Rockmetropolen Europas. Natürlich sind in Irland schon immer Gruppen gebildet, verschlissen und aufgelöst worden, aber erst mit dem Riesenerfolg von U2 wurde Dublin im Bewusstsein der Weltpresse zum Phänomen. Dazu haben U2 selbst nicht unerheblich beigetragen, indem sie immer wieder stolz auf ihre Herkunft verwiesen und gezielt Dubliner Bands förderten. Ihre legendäre, über 40-jährige Bandgeschichte wird unterhaltsam und eindrucksvoll im The Little Museum

REISEZEIT

Mai bis September gilt als wettermäßig ideal, aber auch ein Besuch zum Saint Patrick's Day (17. März) ist reizvoll: Während des Festivals zu Ehren des Nationalheiligen gibt es Konzerte, Ausstellungen, Theater, Straßenkünstler, Feuerwerk und natürlich viel, viel zu trinken…

of Dublin dokumentiert. Die Ausstellung wurde von Fans der Band zusammen mit Fotografen und Künstler Irlands als Hommage an U2 konzipiert.

MUST-SEE NORTHSIDE

Als am 7. Mai 1915 ein deutsches U-Boot die RMS Lusitania vor Südirlands Küste versenkte, war der irische Sammler Sir Hugh Lane unter den 1198 Todesopfern. Sein bedeutender Nachlass, 39 zeitgenössische Gemälde (u. a. Manet, Renoir, Degas, Berthe Morisot), bildet den Grundstock der Hugh Lane Gallery am Parnell Square auf der Northside der Stadt. Sie bietet heute einen der größten Bestände moderner irischer Kunst (darunter W. Osborne und R. O'Conor). Einfach spektakulär ist das kreative Chaos von Francis Bacons Originalatelier.

MUST-SEE SOUTHSIDE

Patrick, Patron der Iren, wirkte im 5. Jahrhundert als christlicher Missionar auf der Grünen Insel. Die nach ihm benannte Saint Patrick's Cathedral, Irlands größte Kirche (13. Jahrhundert), wurde an einer Quelle gebaut, die der Nationalheilige zum Taufen genutzt haben soll. Im 18. Jahrhundert war der Satiriker Jonathan Swift (»Gullivers Reisen«) Dekan der Kathedrale, in der er neben seiner Geliebten Stella begraben liegt – zu finden in der »Swift-Ecke«, in der auch seine Totenmaske und Originalmanuskripte aufbewahrt werden.

Dublins Kulturviertel Temple Bar sorgt dank jeder Menge Pubs für ein quirliges Nachtleben. Bereits im 17. Jahrhundert erwähnt, zeichnen Temple Bar (das Viertel wurde in den 1980ern fast abgerissen) enge Gassen, Kopfsteinpflaster und altes Gemäuer aus. In der Fishamble Street kam 1742 Händels »Messias« zur Uraufführung, was dort jeden 13. April mit Chor und »Halleluja« gewürdigt wird – neben der Old Music Hall, auf der Straße vor Handel's Hotel.

Am Trinity College, Irlands ältester Universität (gegründet 1592), schärften Autoren wie Oscar Wilde und Samuel Beckett ihren Intellekt. Die Old Library (1732) bot ihnen reichlich Lesestoff. Im grandiosen Long Room (64 Meter lang)

TEMPLE BAR: NAME EINER SZENEKNEIPE UND EINES GANZEN VIERTELS.

DUBLIN QUAYS NENNT MAN DIE BEIDEN STRASSEN AM NORD- UND SÜDUFER DER LIFFEY.

lagern uralte Manuskripte – am berühmtesten ist das »Book of Kells« (um 800), eine überreich geschmückte lateinische Bibel, die man in der Schatzkammer des Long Room bewundern kann. Sie gilt als eines der schönsten und kunstvollsten Werke der europäischen Buchmalerei. Eine weitere Kostbarkeit ist die keltische Harfe aus dem 15. Jahrhundert – jene, die man auch im irischen Wappen findet.

ÜBERNACHTUNGEN

›› Botanic Villa

Das gemütliche B & B-Hotel liegt unweit des Botanischen Gartens, ist mit dem Bus nur rund 10 Minuten vom Stadtzentrum entfernt und bietet erschwingliche Preise. Morgens kann man sich an einem »full English breakfast« stärken.
botanic-villa.ireland-hotels.net

›› Butlers TownHouse

Elegantes Stadthaus aus dem 19. Jahrhundert im vornehmen Ballsbridge: Stilvoll eingerichtete Zimmer bieten modernen Komfort mit viktorianischem Flair. Besonders schön ist der illustre »Drawing Room« mit Bibliothek als Aufenthaltsraum. Vom Hotel sind die meisten Sehenswürdigkeiten Dublins rasch zu erreichen.
www.butlers-townhouse.ie

›› Number 31

Dieses georgianische Stadthaus mit ruhigem, schön gestaltetem Garten ist sehr geschmackvoll mit älteren Stücken und Designermöbeln eingerichtet. Gäste loben zudem das exzellente Frühstück, das man auch im Wintergarten einnehmen kann: »We counted our stay in breakfasts rather than nights…«.
www.number31.ie

4 MANCHESTER

Hier erwartet einen eine Stadt, die elektrisiert. Und das nicht nur an Derby-Tagen, wenn zwei weltberühmte Fußballklubs aufeinandertreffen: Manchester United und Manchester City.

»On derby day in Manchester«, so der legendäre Éric Cantona, »the city is cut in two. The Blues and the Reds invade the streets, and if your team wins the city belongs to you.«

AB CASTLEFIELD FÜHRT EIN SPAZIERGANG DURCH DAS HERZ DES BRIDGEWATER CANAL.

Die Stadt ist nicht nur eng verknüpft mit Fußball, sondern auch mit der Industriellen Revolution. Sie ist die älteste Industriemetropole der Welt und zugleich ein Symbol von prekären Lebensverhältnissen für Arbeiter. Den Blick in die Zukunft, den man als Prototyp des Steampunk ansehen kann, hat sich Manchester aber stets bewahrt. Das Stadtbild ist seiner Zeit immer einen Schritt voraus. Zwischen tollen Backsteinbauten stehen prachtvolle Beispiele des viktorianischen Historismus ebenso wie hypermoderne Architektur. Für Letzteres steht etwa das **Imperial War Museum North** auf dem neuen, pulsierenden Areal von **The Quays,** dem historischen Manchester Ship Canal in Salford. Das Gebäude des Kriegsmuseums wurde von Stararchitekt Daniel Libeskind als drei Sphären – Erde, Luft und Wasser – einer Welt konzipiert, die durch Gewalt zu Scherben auseinandergebrochen ist. Von hier ist es nicht weit zu **Old Trafford,** dem Stadion von Manchester United. Man nennt es auch »Theatre of Dreams«.

KUNST UND KOMMUNISMUS

Wer glaubt, Manchesters internationale Bedeutung fuße nur auf der Industrie und dem Fußball, wird vom Kunstschatz der Metropole überrascht sein. Besondere Aufmerksamkeit verdient die **Whitworth Art Gallery** in der Oxford Road, deren Sammlung neben Meisterwerken von William Blake und William Turner Kunstikonen des 20. Jahrhunderts umfasst: Picasso, Van Gogh, Klee, um nur einige zu nennen. Dazu kommen aktuelle Stars der Kunstszene wie David Hockney und Marina Abramović.

In der ersten öffentliche Bibliothek Englands, 1653 eröffnet, trafen sich in einem lichtdurchfluteten Alkoven Mitte des 19. Jahrhunderts zwei Männer und verfassten »Das kommunistische Manifest«: Karl Marx und Friedrich Engels. Bei einer Führung durch die **Chetham's Library** kann man seinen Blick über die wertvollen Ledereinbände der erlesenen Buchsammlung schweifen lassen und an den geschichtsträchtigen Alkoven herantreten, an dem der Kommunismus ersonnen wurde.

ÜBERNACHTUNG

>> **Whitworth Locke**

Im Inneren der wunderschön restaurierten Textilfabrik aus dem 19. Jahrhundert zieht einen das hippe und smarte Design in seinen Bann. Angeschlossen sind eine Cocktailbar und ein Café.
www.lockeliving.com/whitworth-locke

REISEZEIT

Ein Muss für alle Kunstbegeisterten ist das alle zwei Jahre im Sommer stattfindende Manchester International Festival. Hier wird Kunst als erstklassiger Mix aus zeitgenössischer Musik, Theater, Video und Performance geboten. 2025 ist es wieder so weit.

»Wenn jemand Londons überdrüssig ist, ist er des Lebens überdrüssig; denn in London hat man alles, was das Leben bieten kann.« Die viel zitierten Zeilen des gelehrten Schriftstellers Samuel Johnson aus dem 18. Jahrhundert gelten bis heute, denn London ist und bleibt eine der coolsten, modernsten Städte der Welt. Ein Leben reicht dafür gar nicht aus.

Also immer wieder nachschauen, ob die Raben noch um den Tower fliegen, ob die Fahne des Königs noch über dem **Buckingham Palace** flattert, was es wieder an spektakulären Musicals und Theateraufführungen gibt und ob mal wieder ein neues Graffiti von Banksy die Mauern von Shoreditch ziert. Die Liste weltberühmter Sehenswürdigkeiten ist in London länger als in jeder anderen Stadt. So bekannt die Wahrzeichen der Stadt und des Königreichs sind, ihre Magie entfalten sie erst, wenn man sie persönlich erlebt. London steht nie still. London wird nie langweilig. So viel hat die kosmopolitische Megacity zu bieten, dass jeder Besuch zwangsläufig mit der Erkenntnis endet, wiederkommen zu müssen, um noch mehr von dieser Welt zu entdecken.

MUST-SEE

Vor allem zur Hauptreisezeit wird es voll sein, trotzdem sollte man das skurrile Schauspiel von »Changing the Guard« vor dem Buckingham Palace nicht verpassen. Wie die rotbejackten Wachen mit ihren Bärenfellmützen hin- und herstolzieren ist auf jeden Fall »instagramable«. Der Palast selbst hat 775 Räume und einen riesigen Park, die zum Teil besichtigt werden können.

Ein absolutes Muss ist auch der Blick von der Westminster Bridge hinüber zu den **Houses of Parliament** mit **Big Ben** (der 96 Meter hohe Uhrturm heißt eigentlich Elizabeth Tower, hat im Volksmund aber den Namen seiner größten Glocke Big Ben bekommen). Das Gebäude ist riesig, und wer mal im Fernsehen Ausschnitte aus Sitzungen des Unterhauses gesehen hat, kann sich nur wundern, wie eng es da zugeht.

Die nächste Brücke, die man in London erlebt haben muss, ist die **Tower Bridge** mit ihren beiden stolzen neugotischen Türmen. Etwa tausendmal im Jahr wird die Fahrbahn für große Schiffe hochge-

REISEZEIT

Warm wird es ab Mai, aber selbst im Winter ist es relativ mild – dann lohnt sich die Reise zum Chinese New Year (Ende Jan./Anfang Feb.), einem farbenfrohen Umzug mit Musik, Drachentänzen und Feuerwerk. Im November überschlagen sich Fluggesellschaften und Hotels mit Discountpreisen geradezu, denn alle glauben, London müsse jetzt grau und trostlos sein. Kann so sein, muss aber nicht.

BERÜHMT FÜR SEINEN KARIBISCHEN KARNEVAL IM AUGUST IST DER STADTTEIL NOTTING HILL.

geklappt. Alt und neu stehen sich hier an den Themseufern exemplarisch gegenüber. Im Tower of London verbrachte einst Guy Fawkes die letzten Wochen seines Lebens, nachdem er am 5. November 1605 versucht hatte, König Jakob I. und gleich das gesamte englische Parlament in die Luft zu sprengen. Mit der »Bonfire Night« im November feiern die Engländer den größten Fehlschlag ihrer Geschichte mit Feuerwerken und Fackelzügen, bei denen Strohpuppen in Gestalt von Guy Fawkes verbrannt werden. Er sei der einzige Mann gewesen, der je mit ehrlichen Absichten in das Parlament ging, spotten die Londoner.

Am Südufer ragt The Shard auf, seit 2012 der höchste Wolkenkratzer nicht nur Londons, sondern ganz Großbritanniens. Die Aussichtsplattform auf den Etagen 68–72 bietet einen phänomenalen Blick, sofern nicht der berüchtigte Londoner Nebel alles verhüllt.

Ein paar Schritte weiter wartet dann mit dem Borough Market Londons ältester Gemüsemarkt mit einem fantastischen Angebot. Nach einem Umbau hat er sich über die viktorianische Markthalle hinaus bis zur neuen »Vinopolis Piazza« ausgebreitet (Italien scheint die Oberhand zu haben). Trotzdem lebt in den engen Gassen rund um den Markt noch ein Stück altes London mit viel Charme.

Multikulti nicht nur auf kulinarische Art erlebt, wer sich ins Gewühl des Brixton Market weiter im Süden begibt. Europas größter afro-karibischer Foodmarket ist ein Erlebnis für alle Sinne. Ob Yamswurzeln, nigerianische Liebesfilme oder ein Leonardo nachempfundenes Bild des Abendmahls, das Jesus und seine Jünger als Afrikaner darstellt – man kommt aus dem Staunen nicht heraus. Dazu spielt immer irgendwer großartige Musik.

UND BEI REGEN?

Klimawandel hin oder her, das Londoner Wetter bleibt, wie es ist, nämlich unbeständig. Außerdem ist es ja völlig egal, ob es regnet, wenn man im British Museum die Kunstschätze sonnigerer

Gefilde wie Ägypten, Assyrien oder Griechenland bewundert und all das, was Captain Cook aus der Südsee mitbrachte. Auch Botticelli und Rembrandt in der National Gallery, Turners Sonnenuntergänge in der Tate Gallery of British Art und Monets Wasserlilien in der Tate Modern sind wetterfeste Attraktionen an der Themse. Blinzelt die Sonne dann doch mal zwischen zwei Atlantiktiefs hindurch, dann nichts wie raus nach Shoreditch. Das Tor zum Londoner East End ist heute ein angesagtes Viertel mit Street-Art vom Feinsten. Wer schießt das erste Foto eines neuen Banksy?

Wahrscheinlich speziell für Regentage erfunden wurde die britische Tradition, in nobler Umgebung mit köstlichen Sandwiches, Scones, Gebäck und Cakes den Afternoon Tea zu nehmen. Kolonialpompös wird das Ritual im Palm Court im Hotel The Ritz zelebriert, der Schauspieler Noël Coward nahm seinen High Tee im Thames Foyer des glamourösen Savoy Hotel, die Fashionistas treffen sich am offenen Kamin im Connaught, Filmstars und Models im Claridge's. Unaufgeregt britisch bei vernünftigen Preisen geht es im Speisesaal des Wolseley Hotel zu, der sich seit den 1920er-Jahren kaum verändert hat. Billig ist es trotzdem nicht, aber die Chance, in einem slochen Ambiente einen echten Promi zu spotten, ist gar nicht mal so gering.

Völlig kostenlos ist der Besuch des Reading Room der British Library. Bis man alle 25 Millionen Bücher ausgelesen hat, liegt England bereits in den Tropen.

ÜBERNACHTUNGEN

›› La Suite West

Nahe der Nordwestecke des Hyde Park und auch nur eine Viertelstunde zu Fuß vom Stadtviertel Notting Hill entfernt, wo man auf den beliebten Märkten der Portobello Road endlos stöbern kann, liegt dieses trendige Hotel der Designerin Anouska Hempel. Die Zimmer sind minimalistisch-elegant eingerichtet, ebenso haben der Breakfast- und Tea-Room sowie die Terrasse unter Bäumen ihren Reiz.
www.lasuitewest.com

›› Portobello Hotel

Stars aus der Musik-, Schauspieler- und Modelszene checken gern in diesem exzentrischen Hotel (Tube Notting Hill) ein. 21 individuell designte Zimmer, Nr. 13 mit Himmelbett aus Hampton Court und einer viktorianischen Badewanne!
www.portobellohotel.com

›› Motel One London

Die preiswerte, für ihr pfiffig-praktisches Design bekannte Hotelkette mit Hauptsitz in Deutschland eröffnete 2019 am Rand des Bankenviertels ihr erstes Hotel in London. Die Skyline spektakulärer Hochhäuser liegt um die Ecke, und zum Tower of London und der ikonischen Tower Bridge sind es nur ein paar Gehminuten.
www.motel-one.com/de/hotels/london

1 ERFOLG DER GRASSROOTS-BEWEGUNG: LONDON IST WELTWEIT DIE ERSTE NATIONAL PARC CITY MIT FAST 50% GRÜNFLÄCHE.

2 BEKANNTES GESICHT IN DER NATIONAL GALLERY: »DIE HÄSSLICHE HERZOGIN« (UM 1513) VON QUENTIN MASSYS.

3 MIT SEINEN 135 METERN IST LONDON EYE DAS HÖCHSTE RIESENRAD DER WELT.

4 VERGLEICHSWEISE PREISGÜNSTIGES ESSEN GIBT ES AUF DEM LONDONER BOROUGH MARKET.

5 DAS KREATIVVIERTEL SHOREDITCH IST DER NEUE SPIELPLATZ DER LONDONER SZENE.

6 AMSTERDAM

GRACHTENGÜRTEL

Die niederländische Hauptstadt ist eine Stadt der Macher! Doch bei aller Geschäftigkeit hat sie sich ein unglaublich entspanntes Lebensgefühl bewahrt. Amsterdam ist weltoffen und quirlig, kunstsinnig und kreativ, vergangenheitsverliebt und dabei supermodern. Diese bunte Mischung und die aufregenden Kontraste der Grachtenstadt machen Lust auf mehr.

Amsterdam ist gut zu Fuß zu erobern. Beim ausgiebigen Spazieren entlang der Grachten kann man die Besonderheiten bestaunen, etwa die Giebelsteine, die etwas über die ersten Bewohner verraten, oder die traumhaften Interieurs in den historischen **Kaufmannshäusern.** Zum Glück haben Amsterdamer nur selten Gardinen, man kann und darf also ruhig hineinschauen. Diese Stadt ist eine Stadt der Gegensätze. Studentengruppen mit Ghettoblastern und Bierkisten bilden einen Kontrast zu melancholischer Ruhe, im Viertel **Plantage** etwa mit seinen alten Bäumen. Der **Grachtengürtel** versetzt den Besucher zurück ins Goldene Zeitalter, und auf den **Inseln im Osten** findet sich spektakuläre moderne Architektur. Von den Brücken dort lässt sich zu den großen Kähnen auf IJ- und Markermeer schauen und der Melodie dieser Stadt lauschen: dem Quietschen der Straßenbahnen, den Glockenspielen der alten Kirchen, dem Geschrei der Möwen. Wer anders lebt, denkt, glaubt oder liebt als der Durchschnittsbürger, wird hier in Ruhe gelassen. Früher wie heute. Menschen aus fast 180 Kulturen machen die Straßen und Märkte bunt. Das ungeheure Freiheitsgefühl, die Lockerheit und Toleranz, aber auch die historische Innenstadt und die Kunstschätze ziehen Jahr für Jahr Millionen Besucher an.

ZWISCHEN GÄRTEN UND GRACHTEN

Sehnsüchtig warten Amsterdamer und eingeweihte Besucher jedes Jahr auf das dritte Juniwochenende. Denn dann kann man drei Tage lang mehr als 25 neugierigen Blicken sonst verschlossene private Stadtgärten besichtigen, die in den Hinterhöfen vornehmer Häuser des Grachtengürtels angelegt wurden. Vom originalgetreuen, streng geometrischen Barockgarten bis hin zum anarchistischen Blütenmeer ist alles dabei. Schon der Gang durch den Hausflur vermittelt aufregende Einsichten in niederländische Wohnkultur. Für die **Open Tuinen Dagen** (Tage der offenen Gärten) muss man sich jedoch ein Ticket (ca. 20 €) besorgen.

REISEZEIT

Im Mai, Juni und Aug. darf man auf viel Sonne und wenig Regen hoffen. Ein Erlebnis ist aber auch der Koningsdag am 27. April: Am Geburtstag von König Willem-Alexander wird die ganze Stadt zu einem einzigen Flohmarkt mit fröhlichem Geschiebe und Gedränge.

FRÖHLICHES BILD EINER UNORDENTLICHEN FAMILIE IM RIJKSMUSEUM: JAN STEENS »DIE FRÖHLICHE FAMILIE« VON 1668. DER NIEDERLÄNDISCHE MALER GILT ALS HUMORVOLLSTER SEINES LANDES.

Nicht minder spannend sind die Einblicke im **Rijksmuseum,** das Hollands Goldenes Zeitalter präsentiert. Sollte die Menschentraube vor Rembrandts berühmter »Nachtwache« zu groß sein: Ruysdaels Windmühlen, Vermeers Stillleben und Averkamps Winterlandschaften fesseln nicht minder. Und es warten ja noch die berühmten Sonnenblumen im **Van Gogh Museum** und die bunten Rechtecke von Piet Mondrian im **Stedelijk Museum.**

Kein Giebel in der **Herengracht,** der **Prinsengracht** und der **Keizergracht** im Zentrum von Amsterdam gleicht dem anderen. Entdecken kann man sie mit einem »fiets«, wie die schweren Hollandräder heißen. Auch auf einer Tour mit dem »Rondvaartboot« lernt man Amsterdams schönste Häuserfronten kennen – nebst amüsanter Anekdoten und gelegentlicher Einblicke in luxuriöse Interieurs, denn Gardinen sind verblüffend selten. Die nobelsten Domizile versammeln sich im **Gouden Bocht,** dem »Goldenen Bogen« an der Herengracht zwischen Leidsestraat und Vijzelstraat. Besonders stimmungsvoll sind Grachtentouren nach Einbruch der Dunkelheit, wenn die Brücken und Fassaden in romantisch-farbenfroher Beleuchtung erstrahlen und auf den Hausbooten die Lichter flackern. Preiswert ist das Leben auf den restaurierten flachen Lastkähnen nicht mehr, dafür aber erstaunlich geräumig und mit Strom- und Wasseranschluss durchaus komfortabel. Auf einigen dieser **»woonships«** kann man sogar übernachten – oft mit Traumblick auf die schönsten Häuserzeilen.

ANNE FRANK

Dank ihres eindrucksvollen Tagebuchs wurde Anne Frank (1929–1945) weltbekannt. Während der deutschen Okkupation der Niederlande versteckten sich Anne, ihre Eltern, die Schwester und vier weitere Personen, von vier Helfern unterstützt, in dem engen Hinterhaus an der Prinsengracht vor der Judenverfolgung der Nazis. Nach 25 Monaten wurden sie verraten, am 4. August 1944 verhaftet. Die Deportation überlebte nur der Vater nach Befreiung des KZs Auschwitz durch die Rote Armee. Anne und ihre Schwester Margot starben 1945 im KZ Bergen-Belsen. Seit 1960 ist das **Anne Frank Huis** eine bedeutende Gedenkstätte des Holocaust.

VIERTEL- UND INSELHOPPING

Das ehemalige Handwerkerviertel **Jordaan** mit schmalen Häusern und Vorgärten wurde durch Gentrifizierung längst hip samt hohen Mieten. In diesem bunten Biotop locken Fotomotive zuhauf, gemütliche Kneipen und Cafés, witzige Läden und jede Menge interessante Galerien. Die Straßenzüge um den weiter nördlich gelegenen **Westerpark** haben sich ebenfalls zu einem Trendviertel entwickelt.

Im **Oostelijk Havengebied** (östlichen Hafengebiet) hat sich Amsterdam neu erfunden. Die dem Hafen vorgelagerten Inseln wurden in eine Spielwiese für Architekten verwandelt, und die Ergebnisse dieser neuen Welt des Wohnens sind mehr als beeindruckend. Hier gibt es zudem eine blühende Gastronomie- und Kneipenszene und ein vielfältiges kulturelles Angebot, darunter das **Marineterrein,** in dem es von Bars und Brauereien nur so wimmelt, das futuristische **Muziekgebouw aan 't IJ,** Tempel für Musikenthusiasten, das extravagante **BIMHUIS,** ein wichtiges Forum für Jazzmusiker, und das **Mezrab,** ein Hotspot für Spoken Word und Storytelling.

ÜBERNACHTUNGEN

▶▶ Camping Zeeburg

Ob fröhlich bunter Bauwagen oder gemütliche Eco-Hütte: Einfach, aber charmant nächtigt man auf der kleinen Insel am IJmeer mit Blick auf das Amsterdamer Stadtleben – kostenloser Kräutergarten und WiFi inklusive.
www.campingzeeburg.nl

▶▶ Hotel Wiechmann

Seit mehr als 70 Jahren und über drei Generationen hinweg beherbergt das 2-Sterne-Hotel seine Gäste typisch holländisch in charmant antikem Interieur. Steile, enge Stiegen führen in die oberen Stockwerke, und wer ein Zimmer mit Blick auf die Prinsengracht ergattert hat, wird sich wahrhaft königlich fühlen.
www.hotelwiechmann.nl

▶▶ The Exchange

Gewöhnlich statten Designer Models aus. Dass dies aber auch bei Räumen anziehend wirken kann, beweisen junge Amsterdamer Modestudenten: Sie haben fantasievolle Outfits für Hotelzimmer von einem bis zu fünf Sternen entworfen, vom Traum in Weiß bis zum Afrika-Look. Jüngst wurden sechs neue Zimmer eröffnet, die das niederländische Modelabel MAISON the FAUX entworfen hat.
www.hoteltheexchange.com

Brügge sehen und sterben? So weit sollte es nicht kommen. Aber schwach werden bei einer der schönsten Mittelalterstädte der Welt, das ist auf jeden Fall drin. Steigt man auf den Belfried am Marktplatz und blickt nach unten zu den auf Ameisengröße geschrumpften Menschen, dann hat man das räumliche Pendant zu der in Brügge herrschenden zeitlichen Perspektive erschlossen.

In Anbetracht des hohen Alters der Bauten schrumpft die Dauer, die man hier als Besucher verbringt, zu einem Wimpernschlag. Dass die Altstadt darüber hinaus auch geradezu irreal schön ist, märchenhaft von der Reie umspielt wird und nur einen Steinwurf von der Nordsee entfernt liegt, führt tief in die touristische Suchtgefahr. Fluss und Meer hatten für Brügge natürlich auch eine herausragende wirtschaftliche Bedeutung, die das Entstehen dieses UNESCO-Weltkulturerbes überhaupt erst ermöglichte. Und auch wenn man, wie die ganze Welt, Brügge hauptsächlich wegen der Altstadt besucht, kommt man nicht umhin festzustellen, dass die darum liegende neue Stadt ein lebenswerter Ort voller netter Cafés, Bars und Restaurants ist

EIN WINTERMÄRCHEN

Das gotische Juwel Flanderns kann sich in der warmen Jahreszeit des Besucherandrangs kaum erwehren. Viel zu viele Menschen wollen die Liebfrauenkirche mit der aus weißem Marmor gemeißelten »Madonna mit Kind« (1503–1504) von Michelangelo Buonarroti sehen, den Ursulaschrein von Hans Memling im ehemaligen Sankt-Jansspital, die Gemälde von Hieronymus Bosch, Jan van Eyck, Pieter Bruegel d. J. und Rogier van der Weyden im Groeningemuseum. Und natürlich die Aussicht vom Rozenhoedkaai genießen: links der 112 Meter hohe Turm der Liebfrauenkirche, rechts der 83 Meter hohe Belfried – Belgiens Werbeplakat Nr. eins, aber beileibe nicht die einzige Ansicht in dieser Stadt der gotischen Stufengiebel, Türmchen und Winkelgässchen.

Brügge entfaltet im Winter gelegentlich einen morbiden Charme, doch in der Vorweihnachtszeit setzt sich die Romantik in der prachtvoll illuminierten Stadt durch, deren Giebelhäuser sich geheimnisvoll in nebligen labyrinthischen Kanälen spiegeln. Oft genug präsentiert sich die Stadt auch schneeüberzuckert,

REISEZEIT

Im Sommer ist Brügge hoffnungslos überlaufen. Wer den Charme der belgischen Stadt in Ruhe erleben will, kommt besser im Winter. Im Februar feiert Brügge übrigens einen der schönsten Karnevals in Belgien. Plötzlich verwandelt sich die Stadt in das »Venedig des Nordens«, denn man trägt hier gern venezianische Kostüme.

denn von der Nordsee her weht es kalt, und plötzlich wirkt alles heimelig. In der Altstadt packt man dann auf der Kunsteisbahn auf dem Minnewater, dem »See der Liebe«, die Schlittschuhe aus. In der fast 300 Quadratmeter großen Winterbar mit Winterterrasse trifft sich die halbe Stadt. Auf dem Rozenhoedkaai bekommt man jetzt nicht mehr die Ellenbogen drängelnder Fotografen zu spüren, und auf den beiden Weihnachtsmärkten auf dem Grote Markt und dem Simon-Stevin-Platz erwarten den Besucher Buden und Hütten mit heißen Getränken und belgischen Waffeln. Auch im Winter werden Bootsfahrten entlang der malerischen Reien (Grachten) angeboten, ganz ohne lärmendes Volk, dafür mit glitzernden Eisschollen. »Zum Sterben« schön ist auch ein Besuch des Old Chocolate House mit seiner riesigen Auswahl heißer Schokoladen.

HIMMELFAHRT

Christi Himmelfahrt ist das Fest schlechthin in Brügge und der Besucherandrang groß. Denn an diesem Tag wird seit dem Jahr 1291 die Reliquie mit dem Blut Christi aus der Heilig-Blut-Basilika geholt. Bei der Heilig-Blut-Prozession ziehen Pfarrgemeinden aus ganz Brügge und aus dem Umland sowie Gläubige aus der gesamten Region gemeinsam mit den in prächtigen Gewändern gekleideten Darstellern der historischen Gilden und Bruderschaften durch das mittelalterliche Brügge. Die Basilika ist die älteste unter den altehrwürdigen Bauten der Altstadt. Hinter ihrer herrlichen Fassade verbirgt sie eine prächtige Halle mit wundervollen Buntglasfenstern und opulentem Altar und in ihrer Schatzkammer nichts Geringeres als den besagten Tropfen Blut Jesu Christi.

FLÄMISCHE MALEREI

Es ist wohl eine der bekanntesten Darstellungen des Endes aller Tage: Hieronymus Boschs Triptychon »Das Jüngste Gericht« eröffnet ein Panorama des Niedergangs, von dem man magnetisch angezogen wird. Denn hier gilt es, ganz der flämischen Malereitradition entsprechend, nicht nur die Totale, sondern vor allem die vielen Details und ihre Komposition zu betrachten. Lässt einen das Bild wieder los, und man sieht sich um, stellt man fest, dass man im Groeningemuseum steht, das nicht nur mit diesem Glanzstück aufwartet. Gäbe es keine Öffnungszeiten, könnte man ewig zwischen den zeitlosen Meisterwerken wandeln, die hier versammelt sind. Jan van Eyck, Pieter Brueghel d. J., aber auch René Magritte oder Henry van de Velde gehören zu den großen Namen der Ausstellung.

BRÜGGER CARILLONS

Am Grote Markt liegt die Stadshallen und macht durch ihren zentral eingefassten, 83 Meter hohen Turm auf sich aufmerksam. Zu Beginn des 13. Jahrhunderts erbaut, ist der Belfried bis auf den heutigen Tag das höchste Gebäude in Brügge. Wer die 366 Stufen erklimmt,

AUF DER BRÜGGER BEFESTIGUNGSANLAGE KRUISVEST STEHEN NOCH VIER ALTE WINDMÜHLEN.

genießt von oben eine fantastische Aussicht über die Dächer der Stadt. Zusätzlich befindet man sich dann auch auf Höhe des berühmtesten Brügger Carillons und kann dessen 47 Glocken in Augenschein nehmen. Es lässt sich nicht nur manuell bedienen, sondern verfügt auch über die älteste Klangtrommel der Welt, mit deren Hilfe die Glocken zum Klingen gebracht werden.

DEN HALBMOND BESUCHEN

Nicht nur Gebäude und Kunst haben in Brügge eine lange Tradition. Nach einem Sightseeing-Tag ist man vielleicht froh, dass diese Attraktion im Sitzen und mit dem Gaumen genossen werden kann. In der Brauerei De Halve Maan wird nämlich seit mehr als 500 Jahren Bier gebraut.

ÜBERNACHTUNGEN

>> Monsieur Maurice

Schnörkelloses Design im Zentrum der flämischen Kulturmetropole zeichnet die ebenso dezente wie gemütliche Unterkunft aus. Zusammen mit der funktionalen und komfortablen Ausstattung wird der Aufenthalt zum rundum gelungenen Erlebnis.
www.monsieurmaurice.eu

>> Maison Le Dragon B&B

Die Geschichte lebt hier in einem wunderbar modernisierten Großbürgerhaus aus dem 16. Jahrhundert fort. Die Suiten sind äußerst geräumig und stilvoll eingerichtet, das herrliche Kaminzimmer kündet mit charmanter Gemütlichkeit von der reichen Vergangenheit des Hauses.
www.maisonledragon.be

8 ANTWERPEN

Wohl keine andere so »kleine« Großstadt verströmt mit lediglich einer halben Million Einwohnern mehr kosmopolitisches Flair und kreative Energie als Antwerpen. Kultur, Mode, Architektur und Design der Avantgarde: All das besitzt die belgische Hafenstadt an der Schelde im Überfluss. Und das 11. Gebot der Stadt lautet: »Gij zult genieten!« (Genieße es!).

MIT DEM MUSEUM AAN DE STROOM, DEM MUSEUM AM FLUSS, SOLLTE MAN SEINEN STREIFZUG DURCH DAS HAFENVIERTEL HET EILANDJE IM NORDEN VON ANTWERPEN BEGINNEN.

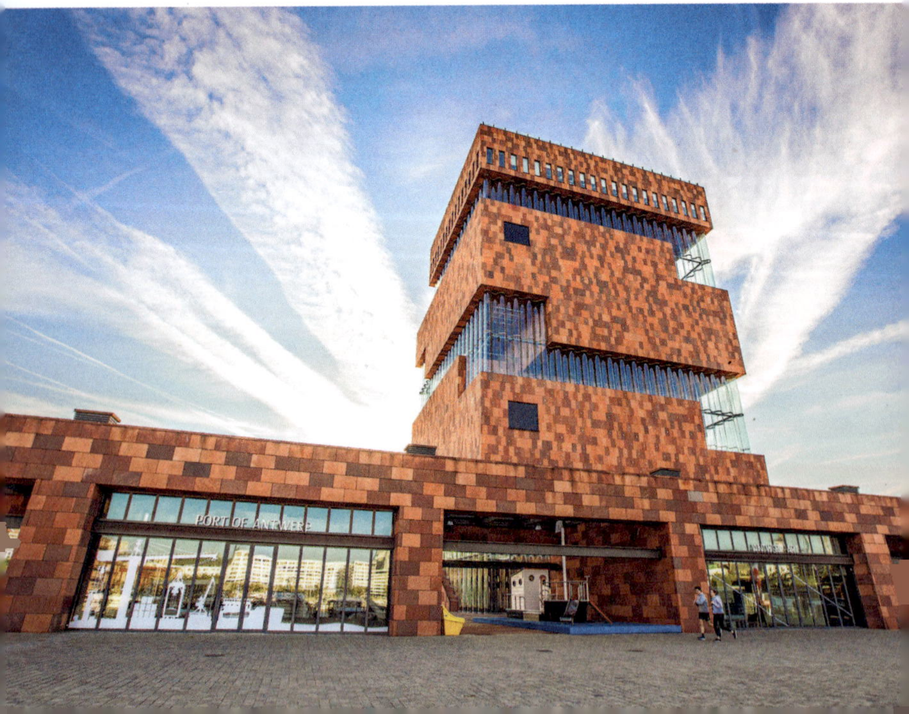

Sonnenstrahlen tauchen die prächtigen **Gildehäuser** mit ihren reich verzierten Fassaden in ein warmes, goldenes Licht: Der **Grote Markt** ist eine Wucht. Wie der **Brabobrunnen,** der mit seinem makabren Handwurf an die Namenslegende Antwerpens erinnert. Weniger makaber erscheint das »bolleke« auf dem Tisch. Es schmeckt, flämisch gesprochen, »lekker« und ist das hier typische Bier in bauchigen Gläsern. Es mundet nach einem »Rubensspaziergang« durch die Altstadt, u. a. zum **Rubenshuis.** Am 15. August erinnert der farbenfrohe Rubensmarkt mit mehr als 200 Verkaufsständen, deren Händler im Stil des 16. und 17. Jahrhunderts gekleidet sind, an die Zeit, in der der flämische Maler Peter Paul Rubens (1577–1640) in Antwerpen lebte. Die **gotische Kathedrale** wartet mit gleich vier Meisterwerken von Rubens auf. Der elegante Stadtteil **Zurenborg** wiederum kann einige der schönsten Straßenzüge im Stil der Belle Époque und des Art nouveau vorweisen.

ANTWERPENER AVANTGARDE

Das **Museum aan de Stroom (MAS)** fasziniert schon allein durch seine Architektur: Der Museumsturm aus rötlichem Sandstein und gewellten, rund um das Gebäude verlaufenden Glasflächen ragt 62 Meter in die Höhe. Die spiralförmig angeordneten Ausstellungsräume sind jeweils um 90 Grad gedreht und über zehn Etagen in »Containern« gestapelt. Im Museum sind unter anderem das Völkerkunde-, das Schifffahrts- und das Ethnographische Museum untergebracht. Außerdem setzt der Diamantpaviljoen die schönsten geschliffenen Kostbarkeiten der Diamantenstadt Antwerpen effektvoll in Szene.

Ebenfalls in der Gegenwart lebt das **Modemuseum MoMu.** Zwischen hippen Boutiquen und gestylten Garagenshops rund um die Nationalestraat präsentiert es die radikalen Modestatements der Postmoderne.

ÜBERNACHTUNG

>> **Feek Suites**

Schick eingerichtet sind die fünf B & B-Apartments des Designers Frederik van Heereveld, der ansonsten unter dem Label »feek« international erfolgreich Möbel vertreibt. Sie liegen im Schipperskwatier in der nördlichen Innenstadt, unweit vom MAS.
www.feeksuites.com

REISEZEIT

Am sonnigsten und wärmsten ist es von Juni bis Sept., dafür ist die Stadt im Winter weitaus weniger überlaufen. Bei Belgiens berühmtestem Festival Tomorrowland im Juli vor den Toren Antwerpens kann man das Beste hören und sehen, was die Electronic-Szene zu bieten hat.

Dass Brüssel mit seinem Image als Fritten- und Pralinenmetropole kokettiert, zeugt von Selbstironie. Wie die Figur des Petit Julien (Manneken Pis), des berühmtesten Stehpinklers der Welt. Als Hauptstadt und Regierungssitz Belgiens, Wohnsitz der Königsfamilie, Verwaltungszentrum der Europäischen Union sowie der NATO ist Brüssel (mit gut einer Million Bewohner aus 149 Ländern) nicht provinziell, sondern voller Leben: unberechenbar, verwirrend, chaotisch.

Die Stadt ist ein ständiges Provisorium. Und trotz aller Neubauten wahrt sie ihr Erbe aus gut 1000 Jahren: Mittelalter im Zentrum um den Grand-Place, Belle Époque in den Quartieren von Ixelles und Etterbeek, wiederbelebte Fabrikpaläste am Canal de Charleroi und den Marolles, dem ältesten Arbeiterviertel Brüssels, Postmoderne im Europaviertel, Multikulti in der Südstadt und dazwischen grünes Idyll für gestresste Großstadtseelen. Auf engstem Raum drängen sich skurrile, köstliche und originelle Sehenswürdigkeiten. Von den bedeutenden Museen des Mont des Arts (Berg der Künste) bis zum Schlemmerviertel nördlich des Grand-Place, wo sich Berge aus Meeresfrüchten türmen, sind es nur wenige hundert Meter. Haushohe Comicfiguren, von Künstlern gestaltete Metro-Stationen, übermütige Modedesigner, ambitionierte Chocolatiers, der tägliche Flohmarkt am Place du Jeu de Balle in den Marolles: Überall beflügelt Brüssel die Sinne.

MUST-SEE IM ZENTRUM

So groß wie ein Fußballfeld ist der Grand-Place (Grote Markt), einer der schönsten Plätze der Welt. Auf einem trockengelegten Sumpfgebiet entstand er vom 11. bis ins 15. Jahrhundert samt Brüssels Hôtel de Ville (Het Stadthuis), dem Rathaus. Im Pfälzischen Erbfolgekrieg legten französische Truppen im Jahr 1695 die Stadt in Schutt und Asche. Doch binnen weniger Jahre wurde der Grote Markt überwiegend im Barockstil neu aufgebaut, wobei das Rathaus von 1402 mit mächtigem Belfried als Musterbeispiel der Brabanter Gotik erhalten blieb. Hier findet das mittelalterliche Spektakel Ommegang statt, und alle zwei Jahre am Wochenende des 15. August wird der Platz in ein Blütenmeer verwandelt: Der Flower Carpet ist 70 Meter lang und 24 Meter breit. 2026 ist es wieder so weit.

Seit der Revolution von 1830 eine Monarchie, hatte Belgien in Leopold II. jenen König, der mit Belgisch-Kongo eines der schlimmsten Kapitel der

REISEZEIT

Am ersten Donnerstag im Juli findet der Ommegang statt, ein prachtvolles Historienfest, das mit rund 1500 Darstellern gefeiert wird und an den Einzug Kaiser Karls V. und seines Gefolges im Jahr 1549 erinnert.

Kolonialgeschichte schrieb. Zu Hause gab er sich als Kunstförderer und legte Ende des 19. Jahrhunderts den **Mont des Arts** (Berg der Künste) an, dessen Park auf Brüssel blicken lässt. Nebenan liegen u. a. das **Magritte-Museum** und die **Königlichen Museen der Schönen Künste,** die Meisterwerke vom 15. Jahrhundert bis in die Gegenwart ausstellen.

DIE NEUNTE KUNST

Belgische Comiczeichner wie Hergé (Tim und Struppi), Morris (Lucky Luke) oder André Franquin (Spirou, Gaston) sind Legenden des Genres, das in Belgien längst zur etablierten Kunst zählt. Jährlich 200 000 Comicfreunde besuchen im **Belgischen Comic-Zentrum (BCZ)** die Exponate in dem 1989 vom belgischen Königspaar höchstselbst eingeweihten Museum, einem einstigen Warenhaus, das der renommierte Jugendstilarchitekt Victor Horta entwarf. Neben drei Dauerausstellungen, u. a. zur Erfindung des Comics, werden auch immer wieder große Wechselausstellungen realisiert, die einzelnen Künstlern oder bestimmten Comic-Themen gewidmet sind.

Das **Brussels Comics Figurines Museum** in der Galerie Horta ganz in der Nähe des Grand-Place präsentiert die farbenfrohe Privatsammlung von Museumsleiter Eric Pierre: Die bekannten belgischen Comic-Helden sind alle vertreten – von winzigen zwei Zentimeter großen Figuren bis hin zu beeindruckenden 2,50 Meter großen Statuen, darunter der langschwänzige gelbe Marsupilami, die blauen Schlümpfe und die Superhelden Batman und Superman: Comic-Helden in 3D!

EXPERIENCE EUROPE

Zur Einstimmung kann man sich schon mal auf eine digitale Reise zum Europäischen Parlament begeben (ep-digital-journey.eu), dann aber sollte man sich aufmachen zum **Europaviertel** um die Place du Luxembourg. Zwar ist Straßburg Sitz des EU-Parlaments, aber auch in Brüssel, wo Europarat und EU-Kommission logieren, tagen die Delegierten der 27 Mitgliedstaaten mehrmals im Jahr im Espace Léopold. Das **Parlamentarium** darin erklärt anschaulich die Europäische Union. Eine europäische Entdeckungsreise ist die Dauerausstellung »Experience Europe« in der Rue Archimède.

FLAGGSCHIFF DER EXPO 58

Wie 1889 der Eiffelturm, entstand 69 Jahre später aus Anlass einer Weltausstellung das **Atomium** in Brüssel. Das futuristische Gebäude sollte damals, 1958, die friedliche Nutzung der Atomenergie symbolisieren. Das 102 Meter hohe Modell eines 165-milliardenfach vergrößerten Eisenkristalls ist ein auf Eck stehender Würfel (Kubus) aus neun Atomen (18 Meter im Schnitt), verbunden durch 3,30 Meter dicke Röhren. Eine Dauerausstellung erzählt die interessante Geschichte des Bauwerks, und im obersten Atom blickt man von Brüssel bis Antwerpen.

MANNEKIN PIS, DER BERÜHMTE WASSERLASSENDE BRUNNENKNIRPS IN DER INNENSTADT, HAT EINEN PERSÖNLICHEN GARDEROBENMEISTER IM MUSEUM GARDEROBE MANNEKEN-PIS.

ÜBERNACHTUNGEN

>> Le Berger

Jugendstilhotel von 1936 mit etwas schlüpfrigem Anfang: Zwar kein Bordell, diente es Gästen aber für diskrete Rendezvous. Einen Hauch Nostalgie hat es sich bewahrt, die 66 Zimmer sind sehr charmant eingerichtet. Ansprechend auch: die Bar Fripon und der Pool im »Jardin Secret«.
www.lebergerhotel.be

>> nhow Brussels Bloom

In dem zentral gelegenen 4-Sterne-Arthotel mit gutem Service gleicht kein Raum dem anderen. Künstler aus aller Welt sorgten für individuelle Gestaltung. Zusätzliche Pluspunkte: zwei Restaurants und eine bis tief in die Nacht geöffnete Bar.
www.nh-hotels.com/de/hotel/nhow-brussels-bloom

>> Vintage Hotel

In Ixelles, zu Fuß nicht allzu weit von den Museen am Mont des Arts entfernt, gibt sich das Vintage als Hotel mit nostalgischem Flair. Das Interieur zitiert die 1950er- und 1960er-Jahre mit Materialien von heute. Im Erdgeschoss befindet sich eine Wein- und Bierbar und im Innenhof ein von Wally Byan entworfener Caravan von 1958, als »Vintage Airstream Room« tipptopp eingerichtet als Gästezimmer.
www.vintagehotel.be

Toujours Paris! Eine wirklich untouristische Jahreszeit gibt es in Frankreichs Hauptstadt natürlich nicht. Dafür ist der Mythos von Paris als Stadt der Liebe viel zu mächtig. So predigt es die Literatur seit gefühlt 500 Jahren, und überhaupt, man muss es einfach erleben, abends Hand in Hand an den Ufern der Seine entlangspazieren, den Eiffelturm funkeln zu sehen und sich nicht um Zyniker scheren.

Man ist ja so schnell dort. Selbst mit dem Zug ist Paris in wenigen Stunden erreicht, denn der französische TGV fährt so schnell, dass zumindest westdeutsche Frühaufsteher rechtzeitig für ein spätes Frühstück mit Croissant und Café au Lait in der Seine-Metropole ankommen. Um alle Kunstschätze von Paris kennenzulernen, reicht ein Leben ohnehin nicht aus.

PARIS FÜR FLANEURE

Wenn die Sonne scheint, dann flaniert man natürlich am **Seine-Ufer** entlang. Vielleicht ist bei den Bouquinisten des Open-Air-Büchermarkts eine »trouvaille« zu machen? Und die gotische Kathedrale **Notre Dame** mit ihren grandiosen Fensterrosen kann man ja auch bald wieder besuchen. Immer romantisch ist ein Spaziergang durch den **Jardin du Luxembourg** oder den **Jardin des Tuileries,** auf deren Parkbänken sich die Pärchen küssen. Ein Bummel auf dem **Boulevard Saint-Germain** mit seinen berühmten Intellektuellencafés gehört natürlich auch zum Pariser Lebensgefühl. Sehr stilvoll sind die Arkadengänge **der Place des Vosges** im Herzen des Marais-Viertels. Den unvermeidlichen Bummel auf der **Avenue des Champs-Élysées** startet man an der Metrostation Franklin D. Roosevelt auf der rechten Straßenseite des sanft ansteigenden Prachtboulevards. So setzt sich der langsam näher rückende **Arc de Triomphe** am schönsten in Szene, ganz besonders bei Einbruch der Dunkelheit. Dann ist es auch auf den Stufen von **Sacré-Cœur** am Montmartre am schönsten: Tout Paris liegt einem hier zu Füßen. Tolle Ausblicke auf das nächtliche Farbspiel des **Eiffelturms** genießt man vom Pont Alexandre III, von der Terrasse des Kaufhauses »Printemps«, vom Trocadero und vom Pont de Bir-Hakeim.

PARIS FÜR KUNSTLIEBHABER

Mona Lisa im **Louvre** oder Monet im **Musée d'Orsay?** Die Museen von Paris sind ebenso zahlreich wie die Galerien. Zur Orientierung: Zeitgenössische Kunst

REISEZEIT

Ende April ist der Frühling in Paris besonders schön – wenn wenig Regen fällt und die Touristenbusse die Seine-Metropole noch nicht erobert haben. In der Vorweihnachtszeit verwandelt sich Paris in eine prächtig geschmückte Lichterstadt mit zahlreichen beheizten Winterterrassen.

findet man besonders rund um das Centre Georges Pompidou, das Musée Picasso und die Opéra Bastille. Die Avantgarde ist derzeit rund um die Rue Vieille du Temple im nördlichen Marais angesiedelt. Etablierte Kunst führen die Galerien rund um die Rue du Faubourg St-Honoré und die Avenue Matignon.

IN DER LICHTERSTADT
Der Lichterglanz der Grands Magasins auf dem Boulevard Haussmann blendet in der Vorweihnachtszeit geradezu, der riesige Weihnachtsbaum unter der Kuppel des Jugendstilprachtbaus Galeries Lafayette ist seit 2019 von einem gläsernen Skywalk ganz aus der Nähe zu bestaunen. Auch die kunstvoll geschmückten Schaufenster der Modeboutiquen in der Rue Saint-Honoré kommen jetzt besser zur Geltung als im Sommer, wenn die Pracht oft hinter spiegelnden Fenstern verblasst. Romantiker zieht es zum Weihnachtsmarkt in den Jardin des Tuileries mit Riesenrad. Wer es moderner und weitgehend ohne Tou-

DIE BOULANGERIE MURCIANO IN DER RUE DES ROSIERS ZÄHLT ZU DEN BESTEN BÄCKEREIEN IM JÜDISCHEN VIERTEL MARAIS. UNBEDINGT DEN »STREUSEL AU PAVOT« PROBIEREN!

risten mag, fährt mit der RER zur Station **La Défense.** Unter den Hochhäusern und dem großen Bogen auf dem Parvis de la Défense werden in der Weihnachtszeit über 300 Buden aufgestellt. Sehr hübsch sind auch der Elsässische Weihnachtsmarkt an der **Gare de l'Est,** das Weihnachtsdorf am **Quai Branly** zu Füßen des Eiffelturms und der zauberhafte Marché de Noël auf der **Place des Abbesses.** Eisbahnen, natürlich stets effektvoll beleuchtet, gibt es vor dem imposanten Rathaus **Hôtel de Ville** oder im **Grand Palais des Glaces.**

Ist das Wetter zu ruppig, spielen die Passagen aus dem 19. Jahrhundert, die Walter Benjamin als »Fantasmorgien eines utopischen Ziels« bezeichnete, ihren ganzen Charme aus. Besonders schön sind die **Galerie Vivienne** in der Nähe des Palais Royal, die **Galerie Véro-Dodat** als kürzeste Verbindung zwischen dem Louvre und den Pariser Hallen und die hohe und luftige **Passage du Grand-Cerf** mit viel schönem Kunsthandwerk.

Viele große Boulevardcafés leisten sich beheizte Terrassen und Außenkokons, »bulle d'hiver« genannt. **La Bulle Parisienne** ist die Winterterrasse des Eiffelturms, eine große Glaskugel mit 80 Sitzplätzen auf der 1. Etage. Zauberhaft ist auch die **Terrasse d'hiver Les Jardins du Marais,** ein Winterchalet mit dem Namen Chocolate Bar. Oder man lässt sich auf den Winterterrassen der Pariser Luxushotels **Royal Monceau** oder **Westin Paris-Vendôme** nieder, genießt, in warme Decken gehüllt, die fabelhafte Aussicht vom Dach des **Terrass-Hotels** in Montmartre oder verträumt einen grauen Nachmittag im Wintergarten des **Hôtel du Collectionneur.**

Ideal für einen Winterbesuch ist auch der Louvre. Mittwochs und freitags hat das Riesenmuseum bis 21 Uhr geöffnet und wirkt, wenn es draußen schon dunkel ist, viel intimer. Und nach dem Kunstgenuss lockt das Café Richelieu mit Terrasse, die sich auf den Napoleon-Hof und die berühmte Pyramide hin öffnet. Paris, ein Wintermärchen!

ÜBERNACHTUNGEN

›› Hôtel Amour

Mitten in Pigalle liegt dieses Liebeshotel, in dessen Restaurant sich die »branchés« von Paris zum Tête-à-Tête treffen, bevor man zum amourösen Aufenthalt in eines der 28 eklektisch von retro bis bizarr eingerichteten Zimmer verschwindet.
www.hotelamourparis.fr

›› Hôtel du Petit Moulin

Christian Lacroix hat die im Marais gelegene älteste Bäckerei von Paris in eine Pralinenschachtel namens »Hotel der kleinen Mühle« umdekoriert, in der sich Stars und Sternchen aus der Mode- und Filmbranche zum Turteln einfinden. Zimmer 303 mit seinem Deckenspiegel ist besonders begehrt.
www.hoteldupetitmoulin.com

11 STRASSBURG

Auch wer nicht schwindelfrei ist, sollte auf die Plattform des Münsters steigen. Sind die 323 Stufen erst einmal genommen, liegt einem die Stadt zu Füßen, ihre Gassen, Prachtstraßen und Kanäle.

Straßburg ist weltpolitisch kein Machtzentrum. Aber im Gebilde Europas ist es eine Hauptstadt, die durch ihre Geschichte prädestiniert dafür ist wie keine zweite.

DAS HISTORISCHE ZENTRUM LÄSST SICH ZU FUß PERFEKT AN EINEM TAG ERKUNDEN.

In den Zerreißproben zwischen Deutschland und Frankreich musste Straßburg viermal die Seiten wechseln: nach dem deutsch-französischen Krieg 1871, mit dem Vertrag von Versailles 1919, nach dem Einmarsch der Wehrmacht 1940 und schließlich im November 1944, als die Trikolore auf dem Straßburger Münster den Sieg über das nationalsozialistische Joch verkündete. Auf den Trümmern des Zweiten Weltkriegs entstand das moderne Europa, in dessen Geschichte Straßburg eine Hauptrolle spielt. Auf dieser Geschichte ist Straßburgs kulturelle Vielfalt und Offenheit gebaut. Die Kulturszene der Stadt schaut über die Grenzen. In Straßburg sind viele Sprachen zu hören, schon der Europaparlamentarier wegen.

STADTBUMMEL

Mitten im Häusergewirr der stattlichen, teils vier- bis fünfstöckigen Fachwerkbauten am Münsterplatz ragt plötzlich die Westfassade des gotischen Liebfrauenmünsters auf. Das skulpturenreiche Hauptportal mit der Rosette darüber zieht die Blicke sofort magisch an und in die Höhe. Am Fuß des Münsters vermittelt das Museum Œuvre Notre-Dame Besuchern das Gefühl, sie sähen direkt in die Münsterbauhütte vorbei. Seine beschaulichste Seite zeigt Straßburg im Altstadtviertel La Petite France: elsässische Fachwerkarchitektur flankiert von der Ill und ihren Kanälen, in die sie sich flussabwärts der Vaubanschen Schleusenbrücke gabelt. Quer durchs Zentrum schlendert man auf die andere Seite zum Museum Tomi Ungerer in der Villa Greiner, die in das umfangreiche Œuvre des (in Straßburg geborenen) ebenso genialen wie ironischen Zeichners Tomi Ungerer (1931–2019) einführt.

EUROPAVIERTEL

Von einem der Ausflugsboote auf der Ill und ihren Kanälen lässt sich ein Blick durch die gigantische Glasfassade auf die Zedernstreben der Plenarsaalkuppel erhaschen. Ein Glassteg führt an das gegenüberliegende Ufer, wo der Europarat residiert. Eine Ecke weiter, einmal über den Kanal, erhebt sich der Europäische Gerichtshof für Menschenrechte. Das Lieu d'Europe in der Villa Kayserguet widmet sich als Museum der europäischen Idee und ihrer Geschichte.

ÜBERNACHTUNG

>> **Le Graffalgar**

Im poppig-bunten, komfortabel eingerichteten Graffalgar geht man dank der an die Wände gemalten Kunstwelten auf eine besondere Traumreise.
graffalgar-hotel-strasbourg.de

REISEZEIT

Besonders angenehm sind Frühjahr und Herbst, dafür ist in der Ferienzeit mit weniger Verkehr rund um Straßburg zu rechnen.

12 LYON

Eine Stadt für alle Sinne! Die Augen erfreuen sich an der schönen Lage am Zusammenfluss von Rhône und Saône, am stilistischen Facettenreichtum der Gebäude, der sich einer über 2000 Jahre umspannenden Geschichte verdankt. Römische Siedlungsbauten, das Renaissanceviertel Vieux Lyon und die Gegenwartsarchitektur in Le Confluence stecken hierfür den Rahmen ab.

ÜBER DER ALTSTADT LYONS ERHEBT SICH DER HÜGEL FOURVIÈRE UND DAS GLEICHNAMIGE VIERTEL. DIE BASILIKA NOTRE-DAME DE FOURVIÈRE IST EIN WAHRZEICHEN DER STADT.

Vor allem aber muss man Lyon riechen und schmecken. Denn spätestens seit dem 19. Jahrhundert zählt die Küche zur internationalen Weltspitze. Die Mères Lyonnaises, die »Lyoner Mütter«, haben ihre heimische Küche zum Inbegriff von Haute Cuisine werden lassen. Kein Geringerer als Paul Bocuse lernte bei Mère Brazier sein Handwerk. Auf alle Fälle sollte man einen der typischen Lyoner »bouchons« besuchen: mit herzhafter traditioneller Küche, mit viel Beaujolais und Geselligkeit. Auch in der überaus prächtigen Markthalle **Les Halles de Lyon – Paul Bocuse** laden Metzgereien, Gemüse-, Käse-, Fischhändler und Bäckereien sowie kleine Restaurants und Bistros teilweise bis in die Abendstunden zu erstklassigen Gaumenfreuden ein.

LICHTSPIELE

Jedes Jahr taucht an vier Tagen rund um den 8. Dezember, dem Tag von Mariä Empfängnis, die **Fête des Lumières** die Stadt in ein märchenhaftes Lichtspektakel. Am besten wählt man den Donnerstag- oder Sonntagabend für einen Streifzug durch die Stadt, dann ist der Andrang auswärtiger Besucher weniger groß. Von Künstlern aus aller Welt komponierte, fantasiereiche Lichtinstallationen tanzen auf den historischen Monumenten, malen Bilder auf die Renaissancefassaden und erzählen Geschichten auf den Brücken. Konzerte und Straßentheater unterhalten das Publikum, alles ist kostenlos, und es herrscht eine wunderbare Volksfeststimmung.

DAS »ALTE« UND DAS »ANDERE« LYON

Tagsüber empfiehlt sich ein Bummel durch die kopfsteingepflasterten Gassen der Altstadt **Vieux Lyon** mit ihren schönen Renaissancehäusern. Eine Besonderheit von Lyon sind die vielen »traboules« genannten überdachten **Passagen** mit wunderschönen Innenhöfen, Bogengalerien, Wendeltreppen und alten Brunnen. Schlechtes Wetter überbrückt man im **Musée des Beaux-Arts,** dessen erlesene Kunstsammlung Werke von Dürer, Rubens, Monet, Degas und Picasso zeigt, und im der Seidenweberei gewidmeten **Musée des Tissus.** Dass »andere« Lyon ist das einer pulsierenden **Mural-Art-Szene** mit mehr als 100, zum Teil riesigen Wandgemälden und Trompe-l'œils, die über die Stadt verteilt die Häuserfassaden schmücken.

ÜBERNACHTUNG

>> **Hôtel du Simplon**

Nahe dem Place Carnot und damit in bester Lage verbinden sich herzlicher Service und ein frischer, farbenfroher Stil zu einem aparten Hotelerlebnis.
www.hotel-simplon-lyon.com/de

REISEZEIT

Kinofreunde sollten sich den Oktober vormerken, wenn das jährliche Lumière Filmfestival mit viel Prominenz stattfindet.

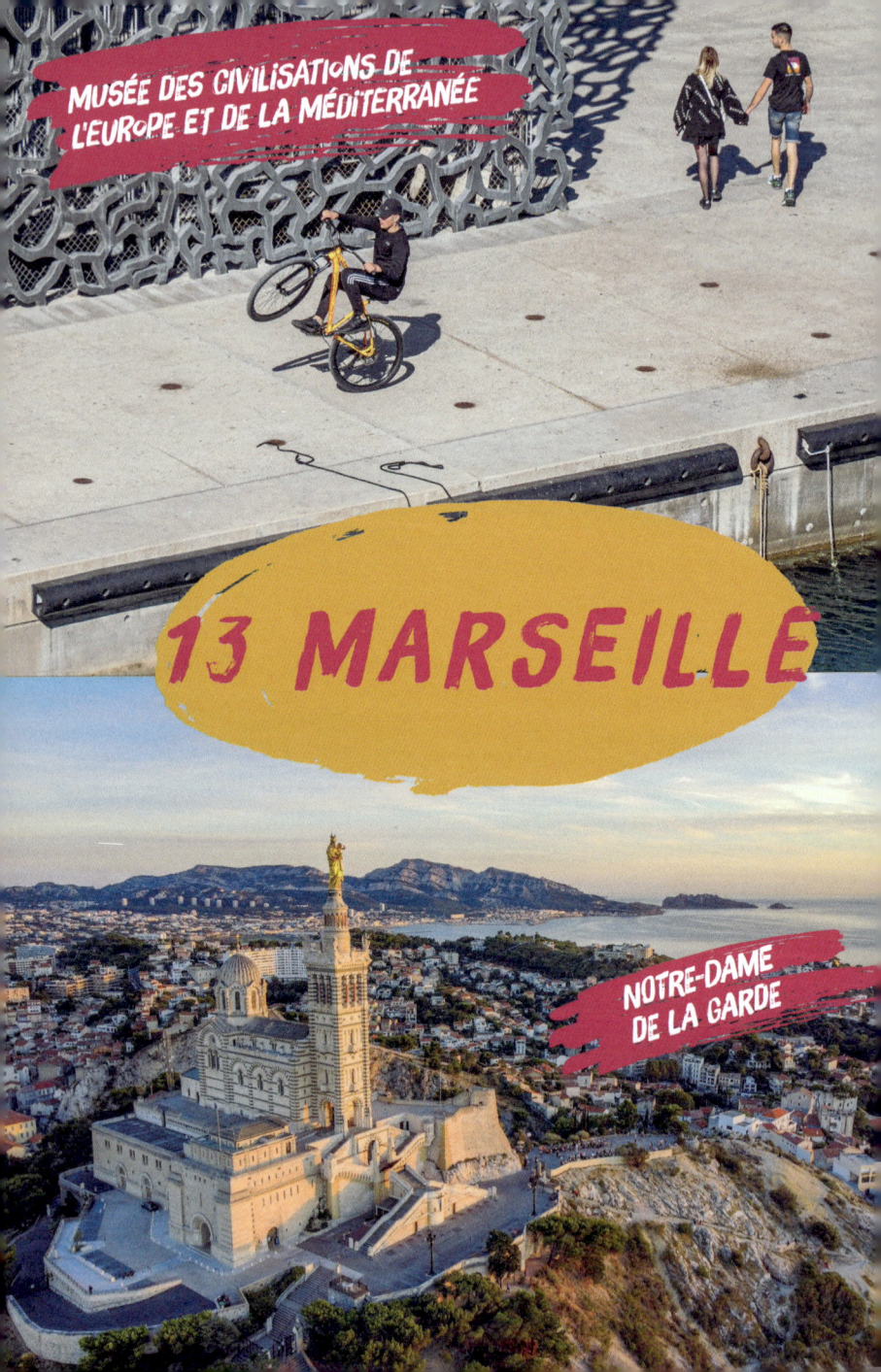

Keine andere europäische Hafenstadt kann auf eine längere Tradition als Begegnungsstätte der Zivilisationen zurückblicken. Griechen, ägyptische Juden, Roma, Korsen, Armenier, Italiener, Spanier, Algerier und Afrikaner: Sie alle haben der Stadt ihren Stempel aufgedrückt. Marseille, das ist Frankreichs multikulturelle Metropole.

Über alle wacht Marseilles Schutzpatronin Notre-Dame de la Garde auf der Spitze ihrer byzantinischen Wallfahrtskirche hoch über der Stadt. Wer die monumentale Prunktreppe des Bahnhofs St-Charles hinunterschreitet, landet mitten im noch heute etwas anrüchigen Viertel Belsunce. In dessen Gassen sang man zum ersten Mal die Marseillaise, hier wird gehandelt und gefeilscht wie schon zur Zeit der Griechen. Zuckersüße Versuchungen stapeln sich im Schaufenster des marokkanischen Bäckers. In den vollgestopften Läden findet man seidene Kopftücher, marokkanisches Teegeschirr und CDs mit algerischer Rai-Musik.

AM ALTEN HAFEN

Die Prachtstraße La Canebière führt von Belsunce zum rechteckigen Vieux Port hinunter. Ihre prunkvolle Architektur stammt aus dem Zweiten Kaiserreich, als der Kolonialhandel mit Algerien und Indochina Marseille einen märchenhaften Reichtum bescherte. Noch immer werden am Quai des Belges jeden Morgen Drachenkopf, Meerbarbe, Petersfisch, Seeaal, Knurrhahn und Meeräsche für die berühmte Fischsuppe Bouillabaisse versteigert. Am Vieux Port gründeten um 600 v. Chr. griechische Seefahrer den Hafen Massalia, führten den Ölbaum ein und handelten mit Keramik, Wein und Getreide, mit Zinn aus der Bretagne und Kupfer aus Spanien. Über den freigelegten griechischen Anlagen präsentiert das Musée d'Histoire de Marseille 2600 Jahre Geschichte. Wenige Schritte entfernt illustriert das Musée des Docks romains den Handel Marseilles in der Antike. Die schönste Sammlung antiker Funde zeigt jedoch das Musée d'Archéologie Méditerranéenne mitten im ältesten Viertel der Stadt. Auch die Gebäude am alten Hafen vor der Kulisse zahlreicher vor Anker liegender Schiffe ziehen einen in ihren Bann. An der Hafenmündung wacht noch heute das stolze Fort Saint-Jean wehrhaft über die Stadt. Ein Besuch des 2013 hier errichteten Musée des Civilisations de l'Europe et de la Méditerranée (MuCem) lohnt

REISEZEIT

Eine in dieser Form einzigartige Veranstaltung stellt die Mondial la Marseillaise à Pétanque dar. Es handelt sich um das weltweit größte Pétanque-Turnier, an dem jeder teilnehmen kann. Austragungsort ist vor allem der Parc Borély, der Anfang Juli die schönste Kulisse der insgesamt 30 Spielstätten für das Pétanque-Fieber abgibt.

Westeuropa

sich nicht allein wegen der faszinierenden Einblicke in die Geschichte und Entwicklung des Mittelmeerraums, sondern auch wegen seines Laufstegs auf dem Dach, über den man zum Fort gelangen kann.

Ein Hauch von Literaturgeschichte weht einem um die Nase, wenn man sich am Alten Hafen per Boot auf die Reise zur Île d'If begibt. Das dort Mitte des 16. Jahrhunderts errichtete Château stellte eine Festung zur Verteidigung Marseilles und fast ebenso lang ein berüchtigtes Gefängnis dar. Hier ließ Alexandre Dumas seinen Protagonisten Eduard Dantés zu Unrecht einkerkern und anschließend erfolgreich ausbrechen. Die Rache an seinen Peinigern übte er unter seinem berühmten titelgebenden Namen als »Graf von Montechristo« aus. Man kann sowohl die Gefängnis- als auch die Wehranlagen in Augenschein nehmen – von der fantastischen Aussicht ganz zu schweigen.

Vom Vieux Port führt die Corniche, die Küstenstraße, an vornehmen Villen vorbei zum Plage du Prado und weiter zu den idyllischen fjordartigen Buchten und Felsklippen der Calanques, die sich rund 20 Kilometer bis nach Cassis erstreckt.

MUST-SEE

Sie steht auf einem nahezu 150 Meter hohen Kalkfelsen und blickt auf die Stadt herab: Notre-Dame de la Garde, herrschaftliche Basilika sowie weithin sichtbares Wahrzeichen Marseilles und der Seefahrt, an die im Innern viele kleine, von der Decke hängende Schiffsmodelle erinnern. Die Kirche wurde Mitte des 19. Jahrhunderts errichtet, ihre Krypta direkt aus dem Felsen herausgeschlagen. Im neobyzantinischen Stil errichtet, frönt der gesamte Bau einem gelungenen, fein ausbalancierten Historismus, der den schmalen Baugrund optimal für sich ausnutzt. Der Turm wird durch eine mehr als zehn Meter hohe Marienstatue gekrönt. Mit ihr blickt man vom Kirchenvorplatz auf Marseille, das sich hier von seiner schönsten Panoramaseite zeigt.

WILDE SCHÖNHEIT: DIE CALANQUES

Um alles zu sehen, müsste man einen ganzen Tag einplanen, mindestens. Denn der Palais Longchamp, der von Henri-Jacques Espérandieu erbaut wurde, dem gleichen Architekten wie

Notre-Dame de la Garde, ist eine Sehenswürdigkeit voller Sehenswürdigkeiten. Der historistische Prachtbau erhebt sich auf einem kleinen Plateau mit zwei weit ausgreifenden Flügeln, die durch einen offenen Kolonnadengang miteinander verbunden sind. Im Zentrum der Anlage steht ein herrlicher Brunnen, der vom ursprünglichen Anlass der gesamten Anlage kündet, nämlich der Kanalumlegung des Flusses Durance. Im Innern beherbergt der rechte Flügel das über 200 Jahre alte Muséum d'Histoire naturelle, der linke das Musée des Beaux-Arts mit dem Glanzstück »La Meditation«, das der Bildhauer Auguste Rodin dem Museum einst höchstpersönlich überreicht hat.

KREATIVER HOTSPOT

Die Kreativ- und Kunstszene in Marseille sucht nicht nur in Frankreich ihresgleichen. Davon kann man sich in dem einmaligen Quartier Friche la Belle de Mai überzeugen. Schon 1994 entstand hier aus einer ehemaligen Tabakfabrik ein ausgedehntes Kulturzentrum, das Start-ups, Künstlern und Akteuren der Kreativszene, aber auch den Betreibern von Cafés, Bars, Clubs und eines Kinos ein Zuhause gab. Zum Anlass der Kulturhauptstadt 2013 erfuhr das Areal durch Modernisierungen und Erweiterungen eine allgemeine Aufwertung. Eine neue Ausstellungshalle ergänzt nun das Gebäudeensemble genauso wie die raffiniert angelegte Dachterrasse des Magazins. Es ist eine ganz eigene Welt des gemeinsamen Lebens, Arbeitens und Feierns, die man, einmal eingetreten, nicht mehr verlassen will.

ÜBERNACHTUNGEN

›› Hotel le Corbusier

Marseille war eine der wichtigsten Stationen des Architekten und Stadtplaners Le Corbusiers, der hier seine Vision des modernen Wohnens als »Unité d'Habitation« verwirklichte. Das Hotel in der »Wohnmaschine« bietet die einzigartige Gelegenheit, den Bau, auch »Cité Radieuse« (strahlende Stadt) genannt, von innen kennenzulernen.
www.hotellecorbusier.com

›› Hôtel Maison Montgrand – Vieux Port

Die Lage ganz in der Nähe des Alten Hafens und die sichere Hand für gelungenes Design zeichnen das Hotel bereits auf den ersten Blick aus. Die minimalistisch, aber mit allem nötigen Komfort ausgestatteten Zimmer sorgen für herrliche Gemütlichkeit. Inklusive Restaurant, Bar und Innengarten.
www.hotel-maison-montgrand.com

›› Alex Hotel & Spa

Direkt im 1. Arrondissement, nur wenige Gehminuten vom Bahnhof Saint-Charles und dem Alten Hafen entfernt, erwartet einen dieses Boutique- und Designhotel, das mit viel Geschmack konzipiert ist. Neben der komfortablen Zimmerausstattung lädt der Spa-Bereich zum Relaxen ein und die Lounge Bar 1713 abends zu einem Drink.
www.hotelalex.fr

NORD- UND OSTEUROPA

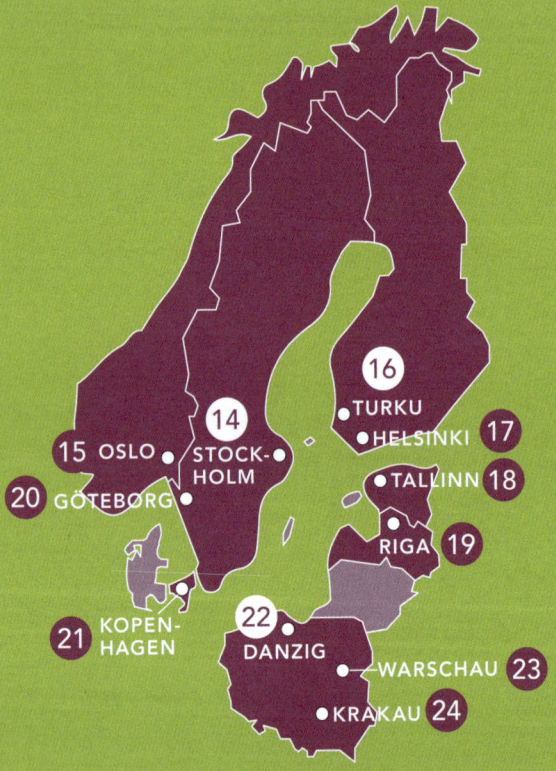

Ob die stolze Hafenstadt Göteborg oder die quicklebendige junge Hauptstadt Oslo – mit einem Trip hierher löst man auch stets ein Ticket für die unnachahmlichen Naturerlebnisse in den Schärengärten. Kaum weniger mitreißend, aber unter historischen Vorzeichen geht es auf der anderen Seite der Ostsee zu: Tallinn in Estland, Riga in Lettland und die Städte Polens sind lebendige Zeugnisse der Geschichte und des Neuanfangs im 20. Jahrhundert. Europäische Traditionen aus West und Ost bilden einmalige, faszinierende Stadtpanoramen.

14 STOCKHOLM

STORTOGET

Viel Wasser, üppiges Grün und eine ebenso entspannte wie strahlende Metropole: Stockholm, zwischen der Ostsee und dem Mälaren-See gelegen, hat im Stadtkern 14 Inseln, die mit 53 Brücken verbunden sind. Die kräftigen Farben der Bürgerhäuser leuchten im klaren nordischen Licht. Dazwischen gibt es wildromantische Parkanlagen. Alles umgeben von klarem Wasser, das herrlich in der Sonne glitzert und im Winter Eiswelten hervorbringt.

Die schwedische Hauptstadt ist das politische und wirtschaftliche Zentrum des Landes, eine der dynamischsten Wirtschaftsregionen des Ostseeraums. Und doch sind Hektik und Geschäftigkeit hier fremd. Die übersichtliche Altstadt Gamla stan beherbergt Parlament, Königsschloss und weltweit beachtete Institutionen wie die Schwedische Akademie und die Nobel-Stiftung. Dennoch bleibt der Rhythmus in den kopfsteingepflasterten Gassen ein geruhsamer. Nicht Autoverkehr, sondern Möwengeschrei bestimmt den Takt. Duftende Zimtschnecken in den Straßencafés lassen ein Gefühl der Entschleunigung aufkommen. Selbst die Soldaten, die täglich vor dem Schloss aufziehen, strahlen Gelassenheit aus. Die Zeiten schwedischer Großmachtambitionen sind lange vorbei. An sie erinnert eindrucksvoll König Gustav Adolfs fast vollständig erhaltenes Flaggschiff aus der Zeit des Dreißigjährigen Krieges. Auch das teure Kriegsgerät macht heute im Vasamuseet, dem wunderbaren Museum auf der Freizeitinsel Djurgården, eine ganz entspannte Figur.

IN DER »ALTEN STADT«

Mitten in Stockholm liegen auf der Insel Stadsholmen die pittoresken Gassen der Gamla stan (Altstadt). Jede einzelne der kleinen Gassen ist eine Sehenswürdigkeit für sich, hinter jeder Kurve gibt es Neues zu entdecken, und jeder Häuserdurchgang hält ein anderes Geheimnis bereit. Hier bummelnd, gelangt man zum Stortoget, einem hübschen Platz mit bunten Fassaden und dem Börshuset, der alten Börse von 1778, worin das Nobelmuseum (bis zum Umzug in den geplanten Neubau) die Geschichte des Preises und seiner Träger erzählt. Gleich dahinter öffnet sich die Altstadt zum vierflügeligen Kungliga slottet (Königliches Schloss), das von 1692 bis 1754 nach Plänen von Schwedens Barockbaumeister Nicodemus Tessin d. J. entstand. Mit seinem prachtvollen Rokokointerieur dient es heute vornehmlich repräsen-

REISEZEIT

Vor allem die Sommermonate bieten sich für einen Kurztrip nach Stockholm an. Es ist relativ trocken, und die Tage sind lang. Ein Höhepunkt für Sportler ist der Midnattsloppet (Mitternachtslauf) Mitte August, für den erst gegen 21 Uhr der Startschuss erfolgt.

tativen Zwecken und als Museum. Im Halbkreis des äußeren Schlosshofs (Südwestflügel) findet täglich (12.15, So 13.15 Uhr) die fotogene Wachablösung statt. König Carl XVI. Gustaf lebt mit seiner Familie seit 1982 im einstigen Lustschloss Drottningholm (auf der Insel Lovön), ebenfalls ein Werk Tessins.

DJURGÅRDEN

Dass Stockholm, die »schwimmende Stadt«, vom Wasser aus am schönsten ist, beweist allein schon die rund zehnminütige Überfahrt mit der städtischen Personenfähre »Djurgårdsfärjan«. Sie fährt tagsüber im 15- bis 20-Minuten-Takt von Slussen an der Südspitze von Gamla stan über Skeppsholmen zur Insel Djurgården (Tiergarten). Hier gibt es einige sehenswerte Museen, etwa die hochkarätige Liljevalchs Konsthall für zeitgenössische Kunst, das ABBA-Museum, das Fans der kultigen Popgruppe aus aller Welt anzieht, und das Vasamuseet: Aus 1000 Eichen gebaut, sollte die Vasa 1628 als martialischstes Kriegsschiff der damaligen Zeit die polnische Flotte versenken. Kaum vom Stapel, sank der 69 Meter lange Dreimaster, konstruktionsbedingt, nach kaum einer Seemeile. Das gründlich restaurierte Schiff kann seit 1990 im Museum bestaunt werden. »Vasa-Syndrom« wird heute als Begriff für Missmanagement verwendet.

Was man auf Djurgården auch findet, ist Gröna Lund, einen großen Vergnügungspark, der zwar nicht ganz so alt ist wie der Prater in Wien, aber immerhin von 1883. Achterbahnen und andere Fahrgeschäfte sorgen für Thrill, ein Kettenkarussell direkt am Wasser für Nostalgie und ein Biergarten für einen Hauch Bayern mitten in Stockholm.

Romantischen Strömungen des 19. Jahrhunderts folgend, stemmte sich Skansen (die Schanze) gegen Kulturverluste im Industriezeitalter: Seit 1891 zeigt der Welt ältestes Freiluftmuseum in 150 typischen Gebäuden das Leben aller sozialen Schichten Schwedens.

SÖDERMALM

Das für die reichen Stockholmer einstige Schmuddelviertel hat sich zu einem der

THE STORY OF ABBA: IM ABBA-MUSEUM ERFÄHRT MAN ALLES ÜBER AGNETHA, BJÖRN, BENNY, ANNI-FRID UND IHRE MUSIK.

spannendsten Bezirk der Stadt entwickelt. In SoFo, »South of Folkungagatan«, hat sich das größte Kneipenviertel Stockholms etabliert. Hier haben aber auch hippe Galerien eröffnet, und Künstler stellen ihre neuesten Werke aus. Eine der bemerkenswertesten Sehenswürdigkeiten ist der 38 Meter hohe Katarinahissen, ein Freiluftaufzug aus Stahl von 1936. Er ist nach 13-jähriger Stilllegung jetzt wieder in Betrieb.

LÄNGSTE GALERIE DER WELT

Ein Kunstprojekt, das sich seit den 1950er-Jahren wie ein roter Faden durch die gesamte Stadt zieht, ist die Tunnelbana. Schon früh haben sich die Stockholmer ganz bewusst gegen fahles Neonlicht, eintönig gekachelte Wände und riesige Werbetafeln in ihrer U-Bahn entschieden. Stattdessen haben sie der künstlerischen Avantgarde die Ausschmückung der Bahnhöfe überlassen. Mittlerweile sind die 100 Bahnhöfe in irgendeiner Weise zum Kunstobjekt geworden. Für den Preis eines U-Bahn-Tickets kann man sich die ganze, mehr als 100 Kilometer lange Galerie anschauen: Skulpturen, Mosaike, Gemälde, Installationen, Inschriften und Reliefs. Höhepunkt der unterirdischen Bilderreise ist die blaue Linie von »Kungsträdgården« nach »Akalla« und »Hjulsta«. Beinahe jede Station auf dieser Linie ist ein Kunstwerk, überraschend, faszinierend oder dramatisch, ein überzeugender Sieg über die Monotonie öffentlicher Verkehrsmittel. In der Station »Stadion« fließt ein Regenbogen über die rauen Felswände, strahlt Fröhlichkeit und Optimismus aus.

ÜBERNACHTUNGEN

›› Birger Jarl

Führende schwedische Architekten legten in diesem Hotel der Oberklasse im Stadtteil Norrmalm, das nach dem Gründer Stockholms benannt ist, Hand an und gestalteten diverse Räume neu. Doch Zimmer Nr. 247, das letzte im Flur, wurde glatt übersehen. Nachträglich nahm sich Jacob Wallér des vergessenen Raums an, der seither schöner denn je in orange-rosa-grünem Retrocharme der 1970er-Jahre erstrahlt.
www.birgerjarl.se

›› Hotel Rival

Mamma Mia – wer hätte gedacht, dass ABBA-Star Benny Andersson einmal ein Hotel besitzen würde? Gut gelegen ist es außerdem, im bei Künstlern und Intellektuellen beliebten Bezirk Södermalm direkt beim Mariatorget-Park. Zum stylishen Artdéco-Hotel gehören Bars, ein Bistro, eine Taverne und ein Theater mit 700 Sitzplätzen und regelmäßiger Live-Unterhaltung.
www.rival.se

›› Tre Små Rum

Das vermutlich kleinste Hotel der Stadt, zentral in Södermalm gelegen, verfügt über sieben kleine Zimmer und drei Bäder auf dem Flur. Das Frühstück verrät: Hier ist der Gast König.
www.tresmarum.se

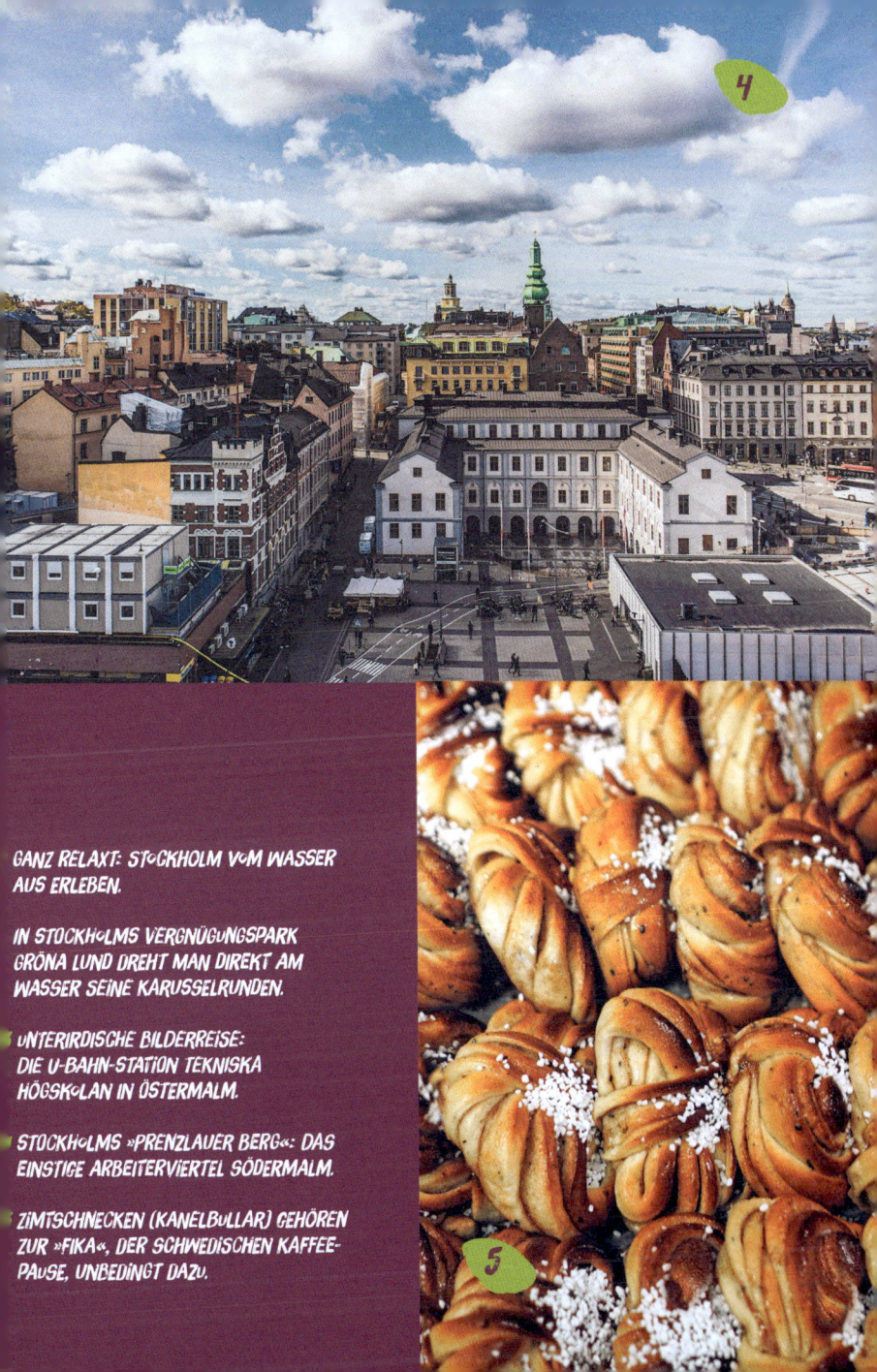

4

GANZ RELAXT: STOCKHOLM VOM WASSER AUS ERLEBEN.

IN STOCKHOLMS VERGNÜGUNGSPARK GRÖNA LUND DREHT MAN DIREKT AM WASSER SEINE KARUSSELRUNDEN.

UNTERIRDISCHE BILDERREISE: DIE U-BAHN-STATION TEKNISKA HÖGSKOLAN IN ÖSTERMALM.

STOCKHOLMS »PRENZLAUER BERG«: DAS EINSTIGE ARBEITERVIERTEL SÖDERMALM.

ZIMTSCHNECKEN (KANELBULLAR) GEHÖREN ZUR »FIKA«, DER SCHWEDISCHEN KAFFEEPAUSE, UNBEDINGT DAZU.

5

Dass der Winter hier kein Witz ist, wird merken, wer zwischen November und April in Norwegens Hauptstadt reist. Die Osloer gehen dann Skilaufen oder auf den zugefrorenen Buchten des Oslofjords spazieren. Schnee hält sich oft bis nach Ostern. Ab Mai erwacht das Stadtleben wieder, das quirlig bis in den Herbst bleibt. Die noch immer junge Hauptstadt mag hie und da unfertig wirken, langweilig ist sie nie.

Oslos Oktober, das Herbstlaub in schönsten Farben, macht den **Frognerpark** mit der unglaublichen Skulpturensammlung des Bildhauers Gustav Vigeland ebenso zum sinnlichen Erlebnis wie das **Norsk Folkemuseum** oder die Inseln im Oslofjord. Ganz zu schweigen von der **Oslomark,** wo Elche und Luchse frei leben. Der Grüngürtel aus Wäldern, Hügeln und Seen lässt sich in 20 Minuten per U-Bahn erreichen. Oslo ist keineswegs billig, was Reisende rasch spüren. 40 Euro für ein Essen im Durchschnittsrestaurant sind normal. Die Preise spiegeln das hohe Einkommensniveau: Dank seiner Erdölvorkommen zählt Norwegen zu den reichsten Nationen der Welt. Funktionalismus prägt Oslos Baustil, mit dem Rathaus (wo der Friedensnobelpreis verliehen wird) als markantestem Beispiel. Extravagant dagegen ist das neue Opernhaus.

IM ZENTRuM

Die Begegnung mit Oslo und seiner Stadtgeschichte beginnt man am besten bei der mächtigen **Festung Akershus,** die in mehreren Etappen an der Ostseite der Stadtbucht gebaut wurde und einen wunderschönen Blick über den Fjord ermöglicht. Håkon V. Magnusson machte um 1300 den Anfang. Der für seine Baulust bekannte König Christian IV. ließ die Burg Ende des 16. Jahrhunderts zu einem Renaissanceschloss inmitten einer Festung umbauen. Akershus ist das größte und wichtigste Bauwerk in der Osloer Altstadt. Von den Festungsmauern bietet sich eine tolle Aussicht über die Stadt und den Hafen. An der Rådhusgata liegen das älteste Rathaus (1641) Oslos, das Rathaus von 1647 und das im Jahr 1950 eingeweihte neue **Rådhuset.** Mit seiner roten Backsteinverkleidung und den beiden hohen, kantigen Türmen ist es der alles überragende Blickfang am **Hafen** – auch wenn viele der Einheimischen es bei der Einweihung hässlich und klobig fanden. Im Innern gibt es reichlich Kunstwerke zu besichtigen, und die hohen Fenster des Gebäudes erlauben einen weiten Blick auf den Hafen.

REISEZEIT

Die Hauptreisezeit ist zwischen Juni und August, wenn es noch bis spätabends hell ist und sich das Leben draußen abspielt. Außerhalb dieser Sommermonate haben viele Sehenswürdigkeiten eingeschränkte Öffnungszeiten.

AKER BRYGGE HAT MIT BJØRVIKA UND DEM BARCODE RUND UM DIE OSLOER OPER KONKURRENZ BEKOMMEN: STADTINNOVATION UND ATEMBERAUBENDE MODERNE ARCHITEKTUR MITTEN IM FJORD.

OSLOS PARADEVIERTEL

Norwegens Hauptstadt musste lange Zeit mit dem Image leben, ein Langweiler zu sein – bis 1990 vis-à-vis des Rathauses am Ufer des Pipervika-Hafenbeckens eine urbane Revolution stattfand. Auf dem Gelände der ehemaligen, 1982 geschlossenen Schiffswerft Aker Mekaniske Verksted entstand mit **Aker Brygge** ein furios-futuristischer Stadtteil, der in Nordeuropa neue Maßstäbe setzte: in der urbanen Architektur und für eine kommerziell erfolgreiche Wiederbelebung vormals industriell genutzter Zonen. Der Mix macht's bis heute: Cafés, Kneipen, jede Menge Restaurants, exklusive Läden und Wohnungen in Glas, Granit, Stahl und Beton vereinen sich zu einem besonderen Ambiente. Richtig rund geht es hier vor allem in der hellen Jahreszeit zwischen Mai und September: Wo früher Niethämmer und Schweißapparate den Ton angaben, herrscht heute auf den Kais mit ihren zahlreichen Restaurantterrassen ein norwegisch-friedliches Getümmel – die Sehnsucht nach Sonne (so vorhanden) in maritimer Atmosphäre, gepaart mit der Lust auf ein kühles Pils lässt sich in dieser Kombination hier genussvoll befriedigen. Sehr populär sind die noch zu pulende Krabben direkt vom Kutter (»Ferske reker«), die man mit Mayonnaise isst, dazu ein Bier, und im Hintergrund der Oslofjord als Kulisse. Eine besondere Attraktion ist das **Astrup Fearnley Museum** für Moderne Kunst des Architekten Renzo Piano auf der Halbinsel **Tjuvholmen** (Diebesinsel), die man über eine Brücke von Aker Brygge aus erreicht. An der Außenseite des Museums liegt der ebenfalls von Renzo Piano entworfene **Tjuvholmen Skulpturenpark** mit Skulpturen internationaler Künstler wie Antony Gormley oder Anish Kapoor. Der Besuch des Parks ist kostenlos.

INSELN IM OSLOFJORD

Im knapp 120 Kilometer langen Oslofjord liegen rund 40 Inseln, einige unbewohnt, aber jede mit einer eigenen Geschichte. **Hovedøya, Lindøya, Nakholmen, Bleikøya, Gressholmen** und **Langøyene** sind im Sommer gut mit den Booten, die regelmäßig vom Vippetangen zwischen Rathaus und Aker Brygge ablegen, zu erreichen. Von Hovedøya – nur wenige Minuten mit der Fähre entfernt – kann man den Trubel in der Stadt wie aus weiter Ferne beobachten und die Stille genießen.

TREIBENDER EISBERG

Auch östlich von Oslos Zentrum hat sich seit Eröffnung (2008) der Architekturikone **Operahuset,** die direkt am Wasser gebaut ist und wie ein treibender Eisberg wirkt, jede Menge getan. Hochmoderne Technik und viel weißer Marmor locken Besucher in das vom Architekturbüro Snøhetta entworfene Opernhaus, dem man außerdem im wahrsten Sinne des Wortes aufs Dach steigen kann. Der Dachspaziergang eröffnet herrliche und unterschiedliche Blickwinkel auf die Stadt. Mit der Fertigstellung der Oper waren die Osloer aber noch lange nicht zufrieden, denn rund um den Opernprunkbau entstanden neue Viertel, die Aker Brygge Konkurrenz machen: **Bjørvika** (Stadtbucht) mit der neuen Oslo-Skyline der Hochhauszeile Barcode, **Oslobukta** (Oslobucht) und **Sørenga** (Südwiese).

ÜBERNACHTUNGEN

›› Oslo Guldsmeden

In Hafennähe und nur einen Katzensprung vom königlichen Schloss entfernt liegt das Boutiquehotel, das üppiges Biofrühstück serviert und Naturkosmetik ins Bad stellt. Origineller Einrichtungsmix aus balinesischen Möbeln und Kissen sowie Fellen nach Sami-Art.
www.guldsmedenhotels.com

›› Cochs Pensjonat

Einfache, aber stilvolle Zimmer gibt es hinter der prächtigen Fassade des Jugendstilgebäudes aus dem 19. Jahrhundert. Zwar ist, wer Luxus erwartet, hier fehl am Platz, und die günstigsten Zimmer haben lediglich ein Gemeinschaftsbad. Doch sie sind gemütlich und licht, liegen sehr zentral, teils mit Blick auf den Schlossgarten.
www.cochspensjonat.no

›› The Thief

5-Sterne-Designhotel, direkt auf Tjuvholmen (Diebesinsel) gelegen, das einem keine Zeit stiehlt: Minutenschnell kommt man fußläufig zum Strand oder zur pulsierenden Promenade von Aker Brygge. Der hoteleigene, großzügige Spa-Bereich mit Hamam, Sauna und Pool ist eine Wucht, Wellnessanwendungen gibt es auch auf dem Zimmer.
www.thethief.com

Nord- und Osteuropa

16 TURKU

Turku hat Aura. Nirgends sonst stimmt dies so sehr wie für die sechstgrößte Stadt Finnlands an der Südküste, vor der sich eine schärenreiche Insellandschaft ausbreitet. Denn der Aurajoki, also der Fluss Aura, bahnt sich hier seinen Weg durch das herrliche Stadtbild, zeigt sich noch einmal von seiner schönsten Seite, bevor er schließlich in die Ostsee mündet.

LIEBLINGSPLATZ DER EINHEIMISCHEN IST DIE UFERPROMENADE AM FLUSS AURAJOKI. IM SOMMER LADEN JEDE MENGE RESTAURANTS AUF IHRE TERRASSEN AM UFER EIN.

Der Fluss Aurajoki hat auch Anteil an Turkus anderer Aura, nämlich der besonderen Atmosphäre. Zugleich wird Turkus Stadtbild durch die Universität und deren buntes Studentenleben auf harmonische Weise belebt. Und man ist eingeladen, in den zahlreichen Cafés, Bars und der wunderschönen Markthalle an der weltoffenen Gesellschaft teilzuhaben. Gemütliches Ausgehen gibt es auch direkt an der Stadtgrenze zum Meer hin, wenn man zu Wanderungen, Fahrradausflügen auf dem **Archepelago-Trail** oder bei einer Bootstour die einzigartige Inselwelt mit herrlichen An- und Aussichten genießt. Turku an und mit seiner besonderen Aura hat für jeden etwas und davon reichlich zu bieten.

MUST-SEE

Seinen Klang hat ganz Finnland im Ohr, denn die Glockenschläge des **Doms von Turku** (Turun tuomiokirkko) schallen nicht nur durch die nähere Umgebung, sondern auch als Zeitangabe durch den Rundfunk. Im Innern herrscht eine Atmosphäre von gotischer Erhabenheit. Nahezu zeitgleich mit dem Dom setzten unter schwedischer Herrschaft auch die Anstrengungen zum Bau der **Burg von Turku** (Turun linna) ein, die an der Mündung des Aurajoki ins Meer steht. Umgeben vom **Linnanpuisto,** dem Schlosspark, wacht sie noch heute über die Stadt. Historismus hin oder her – schon von Weitem ist das **Kunstmuseum Turku** (Turun taidemuseo) ein prachtvoller Bau. Mit einem klaren Fokus auf die regionale

ÜBERNACHTUNG

>> **Park Hotel Turku**

Seit 1902 steht dieses bezaubernde Jugendstilhotel direkt am Puolala-Park, indem sich auch das Kunstmuseum befindet. *www.parkhotelturku.fi/de*

Kunstszene hat es die Sammlung von Beginn an verstanden, Talente aufzuspüren, zu fördern und ihre Werke aufzukaufen. Deswegen begegnet man hier zwar weniger den großen Namen, aber dafür einer umso bemerkenswerteren Bildwelt Nordeuropas, deren Fan man im Handumdrehen wird. Fan wird man auch von der **Ökumenischen Kunstkapelle des Heiligen Henrik** (Pyhän Henrikin Ekumeeninen Taidekappeli) auf der großen Schäre Hirvensalo im Küstenarchipel. Auf einer Anhöhe erhebt sich der Bau als ein langes Rippengewölbe. Kupferverkleidet ragt es wie der Rücken eines Wals aus dem felsigen Stein heraus. Im aus Holz gearbeiteten Innern herrscht eine einzigartige Atmosphäre.

REISEZEIT

Wie Kreuzberger sind, zumindest im Winter, auch Turku-Nächte lang. Der wärmste Monat mit durchschnittlich 20 °C ist in der Regel der Juli – dann ist es auch rund um die Uhr hell –, die kältesten Monate sind Januar und Februar.

Nord- und Osteuropa

»Itämeren tytär«, Tochter der Ostsee, lautet einer ihrer Kosenamen. In der Tat: Welche Stadt darf schon über 300 Inseln und Schären ihr Eigen nennen? Itämeren tytär klingt nach Lebensfreude. Davon haben die Finnen jede Menge, wie sich am Marktplatz oder auf der Insel Suomenlinna zeigt, wenn die Abenddämmerung fast ins Morgenlicht übergeht oder während der Schnee sein Licht auf den Weihnachtsmarkt zaubert.

Helsinki ist eine junge Metropole ohne Altertümer und Adelspaläste. Erst seit Finnlands Unabhängigkeit 1917 konnte sie Gestaltungsfreude zeigen. Wobei Wolkenkratzer verpönt und 30 Prozent Grünflächen Pflicht sind. Helsinki ist nicht auf Sand gebaut, sondern auf Granit, der überall hervorlugt. Im Zentralpark bewegt man sich in fast unberührter Natur. Als Nahtstelle zwischen Ost und West ist Helsinki eine kulturelle Fundgrube, ob in Museen oder in der Musikszene. Allenthalben finden sich gelungene Stilmischungen im Designdistrikt **Punavuori**, im einstigen Arbeiterstadtteil **Kallio** oder im schicken **Stadtzentrum.**

HIGHLIGHTS IM TÖÖLÖNLAHTI-VIERTEL

Der große finnische Architekt und Designer Alvar Aalto (1898–1976) gilt als Meister der Moderne. International, ganz besonders aber in Finnland, schuf er einige bemerkenswerte Bauten, so auch die von 1967 bis 1971 entstandene **Finlandia-Halle** (Finlandia-talo). Sachlich, mit klaren Strukturen und doch markant, setzt sich das verschachtelte Bauwerk von der Umgebung ab. An der malerischen **Töölönlahti-Bucht** stehend, entfaltet der weiße Carrara-Marmor, in den die Halle gekleidet ist, seine Strahlkraft. Das Konzert- und Kongressgebäude mit 1750 Plätzen, dessen Interieur Aalto ebenso bis ins Detail gestaltete wie sein Äußeres, ist ein Wahrzeichen Helsinkis. Die KSZE-Schlussakte, damals ein Meilenstein der Entspannungspolitik im Ost-West-Konflikt, wurde hier am 1. August 1975 ratifiziert.

Rechts neben der Finlandia-Halle befindet sich das finnische **Parlamentsgebäude** (Eduskuntatalo) von 1931, ein imposantes Symbol der finnischen Demokratie.

Nur wenige Schritte entfernt steht die Ende 2018 neu eröffnete, fantastische **Oodi-Bibliothek,** Helsinkis neueste

REISEZEIT

Hauptsaison ist der Sommer, die Zeit der hellen Nächte, v. a. wenn die Stadt anlässlich der »Helsingin juhlaviikot«, der Helsinki Festspiele, Finnlands größtes und vielfältigstes Kulturfestival feiert (Mitte bis Ende Aug.). Doch auch rund um Weihnachten hat die illuminierte Stadt ihren Reiz.

EINE SPIRALTREPPE VERBINDET DIE DREI STOCKWERKE DER GRANDIOSEN OODI-BIBLIOTHEK.

architektonische Errungenschaft. Fantastisch ist nicht nur das »wolkengleiche« Gebäude aus Kiefernholz und Glas, fantastisch ist auch, dass sich die Zentralbibliothek Helsinkis nicht nur als Ort des Lesens, der Bücher und deren Autoren und Autorinnen versteht, sondern als ein »Wohnzimmer« für alle. Ihr Credo: »Everyone has the right to be at the library. Idle hanging out is allowed, even encouraged. Racism and discrimination have no place at the library … Oodi is our common living room.« (»Jeder hat das Recht, in der Bibliothek zu sein. Herumhängen ist erlaubt, ja sogar erwünscht. Rassismus und Diskriminierung haben in der Bibliothek keinen Platz … Oodi ist unser gemeinsames Wohnzimmer.«).

Das **Museum für zeitgenössische Kunst Kiasma** (Kiasma nykytaiteen museo), Kiasma bedeutet Kreuzung, durchkreuzt tatsächlich gängige Sehgewohnheiten. Es zeigt einem breiten Publikum alle Facetten zeitgenössischer Kunst, von Malerei bis Multimedia. Das geschwungene, postmoderne, 1998 eröffnete Bauwerk des Architekten Steven Holl stieß auf viel Kritik. Heute gehört es zur akzeptierten Kulisse hinter dem **Mannerheimdenkmal,** einem Reiterstandbild (1960) für den finnischen Staatspräsidenten und Marschall Gustaf Mannerheim.

HISTORISCHE PERLEN

Das einstige Großfürstentum Finnland (1809–1917) war autonomer Teil des Russischen Kaiserreichs. Nichts in Helsinki spiegelt jene Zeit besser wider als der ab 1816 entstandene **Senatsplatz** (Senaatintori): ein feines Ensemble klassizistischer Bauten des deutsch-finnischen Architekten Carl Ludwig Engel (1778–1840). Außer einigen älteren Gebäuden entwarf er den Senatspalast (heute Regierungssitz), die Universität und, fast zehn Meter höher, die alles dominierende **Domkirche** (Tuomiokirkko). Die breite Treppe davor ist eine beliebte Tribüne mit Südblick auf den Platz, dessen Mitte seit 1894 die Statue des Zaren Alexanders II. ziert.

KAISIS – DER PARK

Der **Kaisaniemi-Park** (Kaisaniemen puisto), den die Helsinker Kaisis nennen, mit den fröhlich plätschernden Springbrunnen ist Spiel- und Schauplatz der Stadtteilbewohner sowie jährliches Festareal für das **World Village Festival** (Maailma kylässä), ein Musik- und Kulturfestival mit Teilnehmern aus aller Welt, für Rockkonzerte und Zirkusveranstaltungen. Benannt wurde der Park im 19. Jahrhundert nach der Gastronomin Kajsa Wahllund und ihrem legendären Restaurant, das eine der ersten Gaststätten in Finnland überhaupt war. Für eine besonders schöne Pause vor allem im Sommer lässt man sich einfach auf einer der Wiesen für ein Picknick nieder oder nimmt in einem Liegestuhl mit Blick aufs Wasser im **Café Viola** Platz. Das gemütliche Café befindet sich in einer Holzvilla von 1823.

Auch der **Botanische Garten** (Kasvitieteellinen puurtarha), der zum **Naturhistorischen Museum** der Universität Helsinki gehört, ist im Kaisaniemi-Park beheimatet. In zahlreichen Gewächshäusern und Freianlagen gedeihen rund 4000 Pflanzenarten aus allen Regionen der Welt. Ein weiterer Lehrgarten im nördlich gelegenen Stadtteil **Kumpula,** dem zweiten Standort des Botanischen Gartens, lädt mit Grün- und Wasserflächen, Gewürzen, Beeren-

sträuchern und alten Rosensorten zum Flanieren ein.

ÜBERNACHTUNGEN

›› Hotel Finn

In ruhiger Seitenstraße im zentralen Stadtteil Kamppi gelegen, ist es nicht weit zum Senatsplatz und dem quirligen Kulturforum Lasipalatsi. Dank seiner charmant-bunt eingerichteten Zimmer mit Holzböden und modernen Bädern findet man hier ein heimelig-ansprechendes Hotel.
www.hotellifinn.fi

›› Hotel Katajanokka

Ausbrechen aus dem Alltag? Bis zum Jahr 2002 wäre das im ehemaligen Bezirksgefängnis, Baujahr 1837, nicht möglich gewesen. Doch heutzutage versteckt sich hinter roten Backsteinmauern ein tipptopp renoviertes, stylishes Hotel, das trotz Luxus – dem finnischen Denkmalschutz sei Dank – seinen historischen Charakter bewahrt hat.
www.hotelkatajanokka.fi

›› Original Sokos Hotel Vaakuna

50 Meter vom Hotel Finn wäre auch das legendäre Turmhotel Torni (seit 2021 komplett renoviert) sehr zu empfehlen. Die Hotelkette Soko, der das Torni gehört, bietet mit dem Vaakuna, einem wuchtigen Gebäude am Hauptbahnhof, das zur Olympiade 1952 entstand, eine gute Alternative im gehobenen Segment – mit elegantem Retrodesign der 1950er-Jahre.
www.sokoshotels.fi

Hanse und Hightech, Mittelalter und Moderne – In Estlands Hauptstadt verbinden sich spannende Gegensätze. Gegründet im Hochmittelalter, war die Stadt unter dem Namen Reval eine wichtige Handelsstadt an der Ostsee. Dieser Zeit entstammen die gewaltigen Befestigungsanlagen, die das Stadtbild immer noch prägen.

Eigentlich umgeben die Mauern zwei Städte: In der bürgerlichen Unterstadt wohnten Hanse-Kaufleute und Handwerker, während die knapp 50 Meter höher gelegene aristokratische Oberstadt – der Domberg – dem Bischof, Ordensrittern und Adeligen vorbehalten war. Die mittelalterliche, wunderbar erhaltene Altstadt, die zum UNESCO-Weltkulturerbe zählt, ist in Tallinn mehr als nur museale Kulisse. Nachdem Estland 1991 seine Unabhängigkeit errungen hatte, katapultierten sich das Land und seine Hauptstadt mit atemberaubendem Tempo in die (westliche) Moderne. Auf dem Domberg zogen Regierung und Parlament ein, liebevoll restauriert erwachte die Unterstadt zu vitaler Geschäftigkeit, und jenseits der Stadtmauern zeigt sich der Wirtschaftsboom auch architektonisch. Tallinn ist »global player« in der IT-Technik, hier wurde die Software für Skype entwickelt, und in der gesamten Altstadt ist für kostenloses WLAN gesorgt. Tallinn ist zudem eine Stadt am Meer mit Fernblick und einem herrlichen Ostseepanorama.

BESTE AUS- UND EINSICHTEN

Alle, die – im wortwörtlichen Sinn – lieber erst mal fern sehen wollen, sei die Olaikirche empfohlen. Ihre Fundamente wurzeln im 13. Jahrhundert, doch das heutige Erscheinungsbild bestimmen vor allem die gotischen Erweiterungen und Restaurierungen. Von ihrem 124 Meter hohen Turm, der mehrere Blitzeinschläge überstand, hat man die schönste Aussicht über das Dächermeer der Altstadt auf der einen und das fantastische Panorama der Ostsee auf der anderen Seite.

Das Herz der Altstadt ist der äußerst harmonischen Rathausplatz. Wer hier nicht war, war nicht in Tallinn. Nordeuropas einziges erhaltenes gotisches Rathaus (Raekoda) steht seit 1404, drachenköpfige Wasserspeier halten es trocken. Auf dem ranken Glockenturm (64 Meter Höhe) zeigt der Alte Thomas mit einer Wetterfahne, die ursprünglich aus dem Jahr 1530 stammt (und inzwischen eine Kopie ist), woher der Wind weht. Auch sind wohl nicht viele Arzneihäuser in Europa schon so lange im Dienst wie

REISEZEIT

Mit gutem Wetter ist von Mai bis September zu rechnen, wobei die weißen Dämmernächte um die Sommersonnenwende ein besonderes Naturschauspiel bieten. Umfangreiches Kulturprogramm im Winter.

DIE AUSSICHTSPLATTFORM KOHTUOTSA BIETET EINEN TOLLEN BLICK ÜBER DIE STADT.

die Ratsapotheke an der Nordostecke (ebenfalls ein Museum). Als sie eröffnete, gab es den Rathausplatz erst 109 Jahre.

Weiter geht es zur Domkirche (Toomkirik). Erstmals erwähnt 1233, besteht der Dom seit dem 15. Jahrhundert als die dreischiffige gotische Basilika, die man noch heute sieht. Nach einem fatalen Brand auf dem Domberg 1684 wurde die Kirche rekonstruiert und im 18. Jahrhundert um einen 69 Meter hohen barocken Turm erweitert, der einen wunderbaren Blick auf Tallinn und den Finnischen Meerbusen erlaubt.

Zwei ganz besondere kunsthistorische Schätze können in der Kirche St. Nikolai (Niguliste kirik) bestaunt werden: Hermen Rodes' Hochaltar (15. Jahrhundert) und der »Totentanz« (1508/09) von Bernt Notke. Westfälische Einwanderer hatten St. Nikolai im 13. Jahrhundert gebaut, gotische Anpassungen erfolgten im 15. Jahrhundert. 1944 wurde die Kirche im Krieg fast völlig zerstört, glücklicherweise waren ihre Kunstschätze bereits ein Jahr zuvor ausgelagert worden. Seit 1953 rekonstruiert, wurde sie 1984 als Konzertsaal und Filiale der Mittelaltersammlung des Estnischen Kunstmuseums eröffnet.

Schon von Weitem künden die fünf Zwiebeltürme der Alexander-Newski-Kathedrale von dem für die russisch-orthodoxe Kirche so typischen Tetrakonchos mit vier kleineren Kuppeln, die sich um die Hauptkuppel herum organisieren. Zugleich sind die Türme etwas weit auseinandergezogen und ruhen auf einem Bau mit vorgezogenem Eingangsbereich, der von estnischer Baumeistertradition erzählt. Zur Wende zum 20. Jahrhundert entstanden, ging der historistische Bau aus der Zeit russischer Herrschaft hervor und bewahrt sich dennoch eine gewisse Eigenständigkeit. Im Innern ist die hoch aufragende Halle reich geschmückt mit Vergoldungen, Mosaiken, Marmor, wertvollen Schnitzarbeiten und Fresken. Hier verbringt man typischwerweise mehr Zeit, als eigentlich geplant.

KUNST UND GESCHICHTE

Bereits zwei Jahre nach seiner Eröffnung 2006 wurde das Estnische Kunstmuseum KUMU zum europäischen Museum des Jahres gewählt. Hier sind auf bis zu 5000 Quadratmetern zwar nicht die ganz großen Namen der internationalen Kunstszene und -geschichte zu sehen, dafür aber wird eine der exquisitesten Sammlungen zu estnischer und baltischer Kunst ausgestellt. Die Sammlung umfasst einen Zeitraum vom 18. Jahrhundert bis in die Gegenwart. Mal beeindruckend, mal gewitzt, mal technisch brillant – die Bildwelten, die hier in perfekt kuratierten Räumen ausgestellt sind, schlagen einen sofort in ihren Bann; man will sich die eben noch unbekannten Künstlernamen sofort einprägen. Nicht weniger gelungene Sonderausstellungen und Veranstaltungen bilden spannende Schwerpunkte.

Die ohnehin schon bewegte Geschichte Estlands legte im 20. Jahrhundert zusätzlich noch den Schleudergang ein. Nach der Unabhängigkeitserklärung erfolgte die Umsiedlung der deutschen Bevölkerung, dann die Annexion durch Sowjetrussland, wie sie im Hitler-Stalin-Pakt geregelt wurde. Das sich anschließende Regime zusammen mit seinen Deportationen in die sibirischen Gulags brachte viel Leid, bis sich die baltischen Staaten mit der singenden Revolution musikalisch wieder ihre Freiheit erstritten. Das Vabamu – Museum der Besatzungen und Freiheit gedenkt dieses ereignisreichen Jahrhunderts mit all seinen dunklen Stunden, aber auch glänzenden Momenten.

ÜBERNACHTUNGEN

›› The Three Sisters

Hier geht es nicht um Tschechow, aber um drei schöne Kaufmannshäuser, die seit dem 16. Jahrhundert Wand an Wand beieinanderstehen. In ihnen befindet sich dieses ungemein schöne Hotel, dem es spielerisch gelingt, den Charme der alten Mauern mit dem stilvollen Dekor eines modernen Hotels zu verbinden.
three-sisters-tallinn.at-hotels.com/de

›› Rêvelton Suites Tallinn

Wer nach einem temporären zweiten Zuhause in sehr guter Lage sucht, wird sich über diese Apartments freuen, die mit allem Nötigen und noch ein bisschen mehr ausgestattet sind. Das gelungene Design steigert das Behaglichkeitsniveau noch.
www.reveltonsuites.ee

›› Merchant´s House

Freskodecken aus dem 16. Jahrhundert, rustikale Holzbalken und stuckverzierte Fassade: Keine Frage, das mittelalterliche Gebäude im Herzen der Tallinner Altstadt ist ein wahres Schmuckstück. Die komfortablen Zimmer sind mit viel Liebe zum Detail historisch und modern eingerichtet. Ein weiteres Juwel des Hauses ist der von mittelalterlichen Fassaden umgebene versteckte Innenhof.
www.merchantshousehotel.com

Die Hauptstadt Lettlands vereint ganz unterschiedliche Traditionen zu einer reizvollen Melange. Die Altstadt mit ihrer Backsteingotik erinnert daran, dass die Metropole vor 800 Jahren von einem Bremer Domherrn gegründet wurde. Dom, Rathaus und Gildehäuser muten höchst norddeutsch an. Einen wunderbaren Überblick über die Stadt hat man (nach bequemer Fahrstuhlfahrt) vom Turm der Petrikirche aus.

Auch der »neustädtische« Teil des Zentrums ist zu sehen. Dort beeindrucken schöne Jugendstilensembles und prachtvolle Repräsentationsbauten, die um die Wende des 19./20. Jahrhunderts dazu beitrugen, dass Riga sich einen Ruf als »Paris des Nordens« erwarb. Ein Bild des zaristischen Russlands vermitteln dagegen die alten Holzhäuser der »Moskauer Vorstadt«, wo im 19. und frühen 20. Jahrhundert vor allem Russen und Juden lebten. Ein Hochhaus im stalinistischen Zuckerbäckerstil – die Rigaer sprechen von »Stalins Geburtstagstorte« – dokumentiert auch die sowjetische Herrschaft. Seit die Letten mit ihrer »singenden Revolution« die Unabhängigkeit errangen, sind alle Sphären des historischen Riga zu neuem Leben erwacht: Die **Altstadt** ist restauriert, in der **Neustadt** entfalten sich Museen, und die **Moskauer Vorstadt** boomt als Szeneviertel. Mutige Projekte der Stadtentwicklung signalisieren, dass Riga – mit knapp 700 000 Einwohnern die größte Stadt des Baltikums – nicht stehen bleibt. So entstand am Düna-Ufer ein Neubau der **Nationalbibliothek,** dessen dreieckige Silhouette schon zum neuen Wahrzeichen der Stadt geworden ist. »Schloss des Lichts« wird er genannt. Riga leuchtet.

HISTORISCHES ZENTRUM

Bereits in den 20er-Jahren des 13. Jahrhunderts fand im **Dom St. Marien,** dem größten Dom des Baltikums, der damals noch Baustelle war, eine Synode statt. Chor, Kreuzgang und Vierung sind romanisch, Langhaus und Nordportal wurden gotisch ausgeführt. In der Reformationszeit kam der Dom 1563 formal an die Lutherische Kirche. Bei einem Bildersturm (1524) ging die alte Ausstattung verloren, die wesentlich später barock ersetzt wurde. Aus dem 12. Jahrhundert ist der Taufstein. Die Glasmalerei der Fenster stammt von 1889, fünf Jahre zuvor erklang erstmals die Walcker-Orgel, damals die größte Orgel weltweit. Es ist bis heute eindrucksvoll, ihr zu lauschen.

REISEZEIT

Eine gute Gelegenheit, mit den Letten zu feiern, bietet sich beim Mittsommerfest Ligo und Jani im Juni. Dazu gehören ein besonderes Brot, Johanniskäse mit Kräutern und das Johannisfeuer. Und im August feiert Riga sein rauschendes Stadtfest mit einem vielfältigen Programm.

EIN SYMBOL DER STADT IST DAS SCHWARZHÄUPTERHAUS AM RATHAUSPLATZ VON RIGA.

Im Jahre 1863 als Deutsches Theater eröffnet, zog 1919 die **Nationaloper** in das neoklassizistische Bauwerk von Ludwig Bohnstedt. Seit 1998 findet hier alljährlich im Juni das renommierte Opernfestival Riga statt, mit internationalen Stars wie Elīna Garanča, die hier ein Heimspiel hat.

Das prächtig verzierte Doppelgebäude des **Schwarzhäupterhauses** steht seit 1334 am Rathausplatz. 1941 von deutschen Truppen zerstört, wurde es zwischen 1993 und 1999 wieder aufgebaut. Zu Beginn diente das Haus sowohl den Kaufleuten als auch der vorwiegend deutschen Bürgerschaft Rigas für Zusammenkünfte. Ab dem 15. Jahrhundert nutzte es die deutsche Kaufmannsgilde der Schwarzen Häupter. Ihr Patron Mauritius, ein Schwarzer, führte laut Legende Roms Thebäische Legion, die sich um 300 weigerte, Christen zu bekämpfen. Kaiser Maximilian ließ die gesamte Legion im Wallis bei St. Maurice hinrichten. Die Gilde gibt es in Bremen noch heute.

Wo einst spekuliert wurde, lässt sich heute mit Gewinn Lettlands größter Kunstsammlung frönen. Das **Kunstmuseum** in der **Rigaer Börse** (1855), ein Neorenaissance-Palast von Harald Julius Bosse, zeigt seit 2011 v. a. nordeuropäische Malerei des 16. bis 20. Jahrhunderts, mit Werken etwa eines van de Velde, Spitzweg, Feuerbach oder Munch. Die hochkarätigsten Gemälde entstammen der Sammlung des Friedrich Wilhelm Brederlos (1779–1862). Zudem sind u. a. antike Plastiken, orientalische Kunst und Jugendstil zu sehen.

Der Hafenarbeiter Žanis Lipke war ein mutiger Mann. In Rigas Nazizeit von 1941 bis 1944 verhalfen er und seine Frau wohl 60 Juden zur Flucht aus dem Ghetto. Viele der Menschen versteckte sie im Erdbunker unter einem Schuppen am Wohnhaus der Familie nahe der Düna. Wo dieser Schuppen stand, hält seit 2013 das **Žanis-Lipke-Gedenkmuseum** die Ereignisse in Erinnerung.

ART NOUVEAU IN DER VORSTADT

In der ehemaligen »Petersburger Vorstadt« trifft man auf komplette Straßenzüge im Stil des Art Nouveau. Die Straße **Alberta iela** wurde von 1903 bis 1906 fast komplett von dem bedeutenden Architekten Michail Eisenstein (1867–1921) entworfen. Der Vater des Filmregisseurs Sergej Eisenstein verzierte seine Bauten mit Girlandenmustern, Pflanzenornamenten und Medusenhäuptern. Aber erst bei Konstantin Pēkšēns (1859–1928) gehen Ornament und Funktion eine Symbiose ein. Über 250 Häuser hat er in Riga gebaut. In seinem eigenen Wohnhaus an der Alberta iela 12 befindet sich das **meistfotografierte Treppenhaus** des Baltikums. Auch in der **Elizabetes iela** stehen mehrere Beispiele des dekorativen Jugendstils.

Bald entwickelte die Rigaer Schule des Jugendstils eine eigenständige nationalromantische Formensprache. Aus der Taufe gehoben hatte den lettischen Nationalstolz der Aufklärer **Johann Gottfried Herder.** Er wirkte ab 1764 als Prediger und Lehrer an der Domschule und veröffentlichte eine Sammlung lettischer Gedichte und Gesänge. Hier habe er sich so frei gefühlt wie sonst nirgends, sagte Herder über seine Zeit in Riga. Nicht einmal Stalin tastete das 1935 eingeweihte **Freiheitsdenkmal** an, um das

sich dann 1990 die lettische Freiheitsbewegung scharte. Man kann es heute noch bewundern.

ÜBERNACHTUNGEN

›› Dome Hotel Riga

Teilweise auf Mauern aus dem 13. Jahrhundert steht das Architekturdenkmal, das seine jetzige Gestalt vier Jahrhunderte später bekam und 2009 aufwendig restauriert wurde. Die eleganten Zimmer des 5-Sterne-Hauses vereinen Tradition mit modernem Design. Dazu kommt ein luxuriöser SPA-Bereich mit Hamam, Sauna und Massageräumen.
www.domehotel.lv

›› Hestia Hotel Draugi

Nach der Unabhängigkeit Lettlands 1991 trafen sich in diesem 4-Sterne-Hotel viele Exil-Letten (wieder). Gastfreundlich ist das beliebte Haus seither geblieben, das in zentraler Lage Übernachtungen im schlicht-klassischen Stil bietet.
hestia-hotel-radi-un-draugi-riga.h-rez.com

›› Konventa Sēta Keystone Collection

In einem der ältesten Stadtteile von Riga nächtigt man in einem historischen neunteiligen Gebäudeensemble, das ehedem teilweise zu einem Kloster gehörte. Geräumige Zimmer mit stilvollem Fischgrätenparkett. Nach der umfassenden Renovierung 2023 gibt es jetzt auch das Bierrestaurant »Two More Beers«. In guter Lage unweit der Nationaloper.
konventaseta.keystonecollection.com

Nord- und Osteuropa

20 GÖTEBORG

Wenn eine Stadt nicht nur ansehnlich von einem Fluss – dem Göta älv – durchflossen wird, sondern auch noch eine majestätische Lage am Meer mit wunderschönem Schärengarten ihr Eigen nennt, hat die Konkurrenz beim Städtetrip-Quartett schlechte Karten.

Interessant sind außerdem die Stadtgeschichtswerte, denn als Planstadt blickt Göteborg auf ein über 400-jähriges Bestehen zurück – das Jubiläum wurde 2021 begangen – und zählt damit zu den urbanen Jungspunden in Europa.

WER IM BARKEN VIKING ÜBERNACHTET, SCHAUT AUF DEN HAFEN LILLA BOMMEN, DEN »LIPPENSTIFT« UND AUF DIE NEUE HISINGEN-BRÜCKE..

Wer durch das wunderschöne Altstadtviertel Haga mit seinen vielen kleinen Läden und Cafés schlendert oder die vielen herrlichen Wehranlagen dieses einstmals schwer umkämpften Gebiets in Augenschein nimmt, wird den einzigartigen Rhythmus der Stadt selbst schnell verinnerlichen und den Hype um Göteborg nachvollziehen können.

LUFT UND WASSER

Dit jefällt die Berliner: Auch in Göteborg gibt es ein Gebäude, das vom Volksmund liebevoll als »Lippenstift« bezeichnet wird. Während in Berlin jedoch erst die Kriegsschäden an der Gedächtniskirche zu diesem Kosenamen führten, kann man beim Skanskaskrapan in Göteborg von planerischer Absicht ausgehen, angesichts der Form und der rot angemalten Spitze des Hochhauses. Aber eigentlich geht es hier mehr um die Aussicht, nämlich den sagenhaften Blick über Göteborg und den Schärengarten von der rundum verglasten Aussichtsplattform »Götheborgs Utkiken«.

Spektakulär ist auch der Blick vom 87 Meter hohen Ramberget im Keillers Park am anderen Ufer des Göta älv. Vorher lohnt sich aber auf jeden Fall ein Spaziergang am Fluss: Vom Hafen Lilla Bommens Hamn und vorbei am modernen Opernhaus kann man an der Uferfront des Göta älv wunderbar flanieren. Über ein Dutzend Schiffe hat für immer im Maritima festgemacht. Seefahrtsgeschichte zeigt das Sjöfarts-

ÜBERNACHTUNG

>> **Barken Viking**
Hier kann man in einer der Offizierskabinen auf einem 1907 gebauten Windjammer übernachten, der im Hafen vor Anker liegt. *dialoghotels.se*

museet, und im Aquarium lernt man die Nordseefauna kennen.

GESCHICHTE, KUNST UND SPIEL

Wer sich in Museen wohlfühlt, hat in Göteborg reiche Auswahl. Im Ostindiska Huset macht das Stadtmuseum die Geschichte Göteborgs weit über die Stadthistorie hinaus lebendig. Das Kunstmuseum am Götaplatsen zeigt Werke von berühmten Künstlern wie Monet, Gaugin und van Gogh. Naturwissenschaften stellt das Universeum lebendig dar, das Weltkulturmuseum nebenan entführt auf eine interdisziplinäre Entdeckungsreise zu den Kulturen der Kontinente. Den Kopf frei bekommt man danach wieder im Vergnügungspark Liseberg.

REISEZEIT

Alle zwei Jahre von Sept. bis Nov. steht Göteborg im Zeichen der Kunstbiennale (die nächste ist 2025), die an vier Locations ihre Pforten öffnet. Dazwischen empfehlen sich die langen Sommertage, um Göteborg bis spät in die helle Nacht zu genießen.

21 KOPENHAGEN

Wonderful Copenhagen! Im Mai ist es im Tivoli besonders schön. Noch blühen die Tulpen, später die Rhododendren und vielleicht schon die ersten Rosen. Abends, wenn über eine Million Glühlampen angeschaltet werden, wirkt das Haupttor an der Vesterbrogade wie der Eingang zu einem Maharadschapalast. Der Tivoli ist für die Dänen der Inbegriff von »Hygge«.

VIELE BUNTE HÄUSER AM WASSER, JEDE MENGE SCHIFFE, TRUBELIGE KNEIPENSZENE: DER NYHAVN.

Nicht nur der **Tivoli**, auch die kleine Meerjungfrau ist in Kopenhagen zu Hause. Die Stadt am Öresund ist zudem eine Metropole innovativer Modemacher, Architekten, Designer und Spitzenköche: Lange schon zieht es deren Fans in die dänische Hauptstadt, und so ist die Strøget, Dänemarks längste Fußgängerzone, auch ein Shoppingparadies für skandinavisches Design und angesagte Mode »made in Denmark«. Innovativer Anziehungspunkt ist Kopenhagens Spitzengastronomie und ihr Konzept der Neuen Nordischen Küche, das auch international Furore gemacht hat. Seit zwei Jahrzehnten hat sich die Stadt außerdem zum Mekka der Gegenwartsarchitektur entwickelt, die spektakuläre Neubauten wie die **Königliche Bibliothek** (der »Schwarze Diamant«), das **Schauspielhaus** oder die Oper im Hafengebiet vorweisen kann. Doch jenseits dieser modernen und avantgardistischen Seite bleibt Kopenhagen weiterhin »hyggelig« – diese urdänische Mischung aus Gemütlichkeit, Traditionsbewusstsein und Weltoffenheit. Das liegt nicht nur an der heimeligen Altstadt, der Radfahrleidenschaft der Kopenhagener oder ihrer unerschütterlichen Freundlichkeit. Es liegt auch daran, dass Nostalgie und Fantasie nun mal ihren festen Platz haben: Hans Christian Andersen ist aus Kopenhagen nicht wegzudenken. Und zu Hygge zählt auch, in dänische Hotdogs, die Pølser, zu beißen. Die besten gibt es bei DØP, z. B. in der Nähe des Runden Turms.

DIE HIGHLIGHTS

Bis es dunkel wird, kann man die weltberühmte Antikensammlung der **Ny Carlsberg Glyptotek** oder fünf Fußminuten weiter im **Dänischen Nationalmuseum** den Sonnenwagen von Trundholm, eine über 3400 Jahre alte Bronzeskulptur, bestaunen. Vom **Rathausplatz** (Rådhuspladsen) lohnt sich ein Bummel über den **Alten** und den **Neuen Markt** (Gammeltorv und Nytorv) die Einkaufsmeile **Strøget** entlang bis zum malerischen **Nyhavn-Kanal.** Unterwegs kann man sich beim Aufstieg zum **Runden Turm** (Rundetårn) in der Fußgängerzone Købmagergade einen Drehwurm holen. Nur unter der Aussichtsetage des Turms, die einen schönen Blick auf Kopenhagen bietet, befindet sich eine kurze Treppe. Bis zu ihr führt innen eine knapp 210 Meter lange gepflasterte, spiralförmige Rampe die sich um die Turmmitte windet. Von **Schloss Amalienborg** bietet sich ein toller Blick auf das moderne Operngebäude am anderen Hafenufer. Altvertraut ist dagegen die Kopenhagener Ikone **Kleine Meerjungfrau** (Den lille

REISEZEIT

Der Mai reizt als Reisemonat nicht nur wegen der geringen Niederschlagsmenge, sondern auch aufgrund des Karnevals. Für einen Besuch im Juli spricht das hochkarätig besetzte Copenhagen Jazz Festival.

Havfrue), die mit ihren 125 Zentimetern noch immer die Ausfahrt des **Øresund** bewacht. Inspiriert von Hans Christian Andersens berühmtem Märchen, ließ Carl Jacobsen, Eigentümer der Carlsberg-Brauerei und Kunstliebhaber, die Bronzeskulptur auf dem Felssockel 1913 von dem Bildhauer Edvard Eriksen (1876–1959) kreieren. Ihrem melancholischen Blick aufs Wasser kann man sich nur schwer entziehen. Aber wehe, ihr hat mal wieder ein Vandale den Kopf abgesägt. Da hört bei den Dänen der Spaß, pardon, die Hygge nun wirklich auf!

DESIGN, KUNST UND OPER

Mag schon sein, dass ein schwedisches Möbelhaus mit vier Buchstaben bekannter ist. Wirklich exzellentes skandinavisches Design fürs Interieur findet man in dem traditionsreichen Kaufhaus (seit 1925) **Illums Bolighus** am Amagertorv, das auch eine sehr schöne Modeabteilung hat. Kurzum: Hier steht ein Tempel für Wohnen und Lifestyle.

Seit Mitte der 1990er-Jahre widmet sich die ursprünglich aus dem 13. Jahrhundert stammende Nikolajkirche in der **Kunsthalle Nikolaj** (Nikolaj Kunsthal) der zeitgenössischen Kunst. Mehrere Ausstellungen pro Jahr frischen die ästhetische Wahrnehmung mit Experimentellem nicht nur aus Dänemark auf. Als Kontrast gilt das Ticket auch fürs nahe **Thorvaldsen Museum,** in dem klassische Skulpturen und Malerei zu sehen sind.

EINE DER ÄLTSTEN STRASSEN KOPENHAGENS IST DIE MAGSTRÆDE IN DER ALTSTADT.

ZU EINEM DER COOLSTEN VIERTEL WELTWEIT ZÄHLT FÜR DAS MAGAZIN »TIME OUT« NØRREBRO AUF DER ANDEREN SEITE DER KOPENHAGENER SEEN. DIE SIND AUCH IM WINTER BELIEBTER TREFFPUNKT.

Der Reeder Mærsk Mc-Kinney Møller (1913–2012) kaufte als reichster Däne eine Insel vis-à-vis dem Königssitz Amalienborg. Dort stellte er den Bau einer Oper für 335 Millionen Euro in Aussicht. Einzige Bedingung: keinerlei staatliche Einmischung. Unter Umgehung demokratischer Prozeduren quasi »aufgenötigt« (FAZ), eröffnete die **Königliche Oper** (Operaen) 2005. Die Konstruktion ist, trotz des weiten Flugdachs, nicht unumstritten, der dänische Architekt Henning Larsen distanzierte sich sogar: Die Sichtblenden am Foyer würden dem Vorplatz die Wirkung nehmen. Sie entstammten nämlich nicht Larsens Entwurf, sondern allein dem Willen des Bauherrn. Das Opernhaus mag eindrucksvoll sein, Eleganz wie jene in Hamburg oder Oslo hat sie nicht.

ÜBERNACHTUNGEN

>> **71 Nyhavn Hotel**

Die Häuser, zwei umgebaute Lagerhallen aus dem frühen 18. Jahrhundert, beherbergen heute Gäste auf 4-Sterne-Niveau – und das in fantastischer Lage: Die beliebten Kanalbootsfahrten legen praktisch vor der Tür ab, und bis zum Schloss Amalienborg sind es nur wenige Gehminuten.
www.71nyhavnhotel.com

>> **Annex Copenhagen**

Das Hostel bietet die perfekte Ausgangslage, um die Stadt samt Tivoli direkt zu Fuß zu erkunden. Sehr farbenfroh sind die dank Gemeinschaftsbädern kostengünstigen Zimmer gestaltet. Umfangreiches Frühstücksbüfett mit gutem Kaffee.
annexcopenhagen.dk/en

1 Ein offener Stadtraum für alle ist Kopenhagens Superkilen Park.

2 Essen die Dänen gern mittags: Smørrebrød.

3 Der Nyhavn, der »Neue Hafen« in Kopenhagen, ist ganz schön alt: Er wurde bereits 1673 fertiggestellt.

4 Der Kopenhagener Biskebjerg-Friedhof lässt japanische Kirschblütenträume wahr werden.

5 Architektonisches Juwel auch im Innern: der »Schwarze Diamant«, ein Teil der Königlichen Bibliothek.

22 DANZIG

Hierherzukommen, das war für den berühmten Sohn der Stadt stets »ein erhebendes Gefühl«. Und das nicht nur aus persönlicher Nostalgie, sondern ebenso sehr aus geografischen Gründen. Die sich von der Ostsee in das hügelige Land erhebende Stadt und ihre Backsteinbauten gehörten für Günter Grass zu den geliebten Eigenschaften Danzigs. Das gilt genauso für das Meer und die Danzig durchfließenden Flüsse Motława, Weichsel und Martwa Wisła, die den maritimen Charakter der polnischen Hafenstadt prägen.

DAS KRANTOR AN DER MOTŁAWA WAR IM MITTELALTER DER GRÖSSTE HAFENKRAN EUROPAS UND IST HEUTE EIN WAHRZEICHEN DANZIGS.

Ein traditionsreiches Handwerk der Stadt ist dem Bernstein gewidmet, der in der Region gewonnen und in Danzig, polnisch Gdańsk, meisterhaft verarbeitet wird. Noch heute setzen kleine Betriebe ihre honigfarbenen Glanzlichter im Stadtbild. Die Schönheit der Hafenstadt ist das Zeugnis eines detaillierten und leidenschaftlichen Wiederaufbaus nach den Zerstörungen des Zweiten Weltkriegs. Er reflektiert die wechselvolle Geschichte Danzigs zwischen preußischer und polnischer Zugehörigkeit, zwischen Freier Stadt und Annektierung.

VON TOR ZU TOR ...

Die Lange Gasse (Długi Targ) kann als einstmals vornehmste Adresse Danzigs gelten, denn hier wohnte in prächtigen Giebelhäusern das Großbürgertum. Mit dem Goldenen Tor (Złota Brama) am westlichen Ende und dem Grünen Tor (Zielona Brama) am östlichen verfügt sie über einen angemessenen Rahmen. Im Grünen Tor hat das Nationalmuseum (Muzeum Narodowe) Räume bezogen. Dessen wechselnde Ausstellungen erlauben auch einen Blick auf die herrliche Innenausstattung. Das Krantor (Brama Żuraw) ist das Wahrzeichen Danzigs und bei Spaziergängen an der Motława aufgrund seines auskragenden Holzvorbaus kaum zu übersehen. Schon im 15. Jahrhundert wurde dieser mächtige Bau und Vorläufer moderner Hafenlogistik errichtet. Wer auf die obere Etage hinaufsteigt, wird mit einem schönen Ausblick auf Fluss und Stadt belohnt.

ÜBERNACHTUNG

》 Celestin Residence

Ein hinreißendes altes Backsteinhaus im Zentrum Danzigs, das innen für seine Gäste einen einzigartigen Designmix inszeniert. *celestinresidence.pl/de*

... UND VON KIRCHE ZU KIRCHE

Bei den Kirchenbauten Danzigs sind gleich mehrere Prachtexemplare der Backsteingotik versammelt. Neben der Brigittenkirche (Kościół św. Brygidy) und ihrem sagenhaft schönen Bernsteinaltar und dem stündlich zu belauschenden herrlichen Glockenspiel der Katharinenkirche (Kościół sw. Katarzyny) gilt es, die Marienkirche (Bazylika Mariacka) zu würdigen: Sie ist eine der ältesten Kirchen Danzigs, zudem eines der höchsten Bauwerke im Stil der Backsteingotik und beherbergt das weltberühmte Triptychon »Das Jüngste Gericht« des Malers Hans Memling. Schwindelfreie besteigen den Turm und erfreuen sich an Danzigs perfektem Panorama.

REISEZEIT

Die erste Event-Spezialität Danzigs ist der Dominikanermarkt, der jedes Jahr für drei Wochen im August abgehalten wird. Die riesige Veranstaltung lockt Händler aus ganz Europa in die Stadt, um sie in einen gigantischen Flohmarkt zu verwandeln.

Nord- und Osteuropa

KULTURPALAST (RECHTS)

23 WARSCHAU

ALTSTADT

Noch immer wird die Hauptstadt Polens als Reiseziel unterschätzt – vielleicht auch deshalb, weil der Kulturpalast, der 237 Meter hohe stalinistische Koloss, noch immer das bekannteste Motiv der Stadt ist. Seine Aussichtsterrasse im 30. Stock rühmen Spötter aber in den höchsten Tönen. Denn nur von hier könne man dieses Denkmal des Sozialistischen Realismus nicht sehen.

Der Eurocity benötigt von Berlin knapp sechs Stunden: Frühaufsteher können also schon mittags auf einer Caféterrasse sitzen und die Kulisse des **Altstädter Marktplatzes** (Rynek Starego Miasta) mit seinen wie Phönix aus der Asche wieder auferstandenen, in Orange- und Ockertönen strahlenden Bürgerhäusern aus dem 17. und 18. Jahrhundert bewundern. Auf dem Platz dient die Statue einer Sirene mit Schild und Schwert als Symbol für das unbeugsame Warschau (Warszawa). Übrigens: Eine Sightseeingtour durch die Stadt muss nicht mehr als wenige Euro kosten – vorausgesetzt, man steigt in den Bus 180, der vom historischen Friedhof Powązki nach Wilanów mit der königlichen Sommerresidenz fährt und dabei die Altstadt und den Königsweg bedient. Der Bus benötigt für die gesamte Strecke rund eine Stunde.

KÖNIGLICHES WARSCHAU

Einen Katzensprung vom Altstädter Marktplatz entfernt steht das palastartige **Königliche Schloss** (Zamek Królewski), in das 1596 König Zygmunt III. einzog, der bis dahin von Krakau aus geherrscht hatte. Lange war es die Residenz der polnischen Könige, später tagte hier das polnische Parlament, der Sejm. Warschaus ganzer Stolz wurde zwischen 1971 und 1984 glanzvoll im Stil der Renaissance und des Frühbarocks rekonstruiert – einschließlich Uhrturm und Ehrenhof. Im Canalettosaal hängen die 23 Veduten, die der venezianische Hofmaler Canaletto (1722–1780) von Warschau angefertigt hat.

Vom Königsschloss führt der zehn Kilometer lange, von vornehmen klassizistischen Residenzen, Stadtpalästen, Kirchen, Denkmälern und Gärten gesäumte **Königsweg** (Trakt Królewski) zur **Sommerresidenz** in **Wilanów.** Das Ende des 17. Jahrhunderts von Jan III. Sobieski errichtete Barockschloss gilt geradezu als polnisches Versailles. Besonders sehenswert sind die prunkvollen königlichen Gemächer und der Etruskersaal

REISEZEIT

Sommersonnenwende, oder hier besser bekannt als Noc Kupały, ist ein weit bis in vorchristliche Zeiten zurückreichendes Fest. Denn Kupala ist ein Verweis auf die heidnische Verehrung des Sonnengottes. Das Fest im Juni wird in der ganzen Stadt mit Konzerten und Feuerwerk begangen.

mit erlesenen Antiken. Der über mehrere Terrassen angelegte, originalgetreu wiederhergestellte **Schlosspark** besitzt einen herrlichen italienischen Barock-, einen Rosen- und einen englischen Landschaftsgarten. Im einstigen Reitstall ist das **Plakatmuseum** (Muzeum Plakatu) untergebracht, das über 55 000 Poster aus aller Welt im Wechsel zeigt.

GÄRTEN UND MUSEEN

Am Königsweg liegt der wunderschöne **Łazienki-Park,** der französische Gartenkunst und englischen Landschaftsgarten vereint. Sein klassizistischer **»Inselpalast«** (1785) mit königlicher Kunstsammlung ist aus einem barocken Badehaus hervorgegangen, das Polens letzter König Stanisław August Poniatowski (1732–1798) mitten im Wasser ausbauen ließ. Im Rosengarten des Parks steht das im Jugendstil errichtete und 1958 rekonstruierte **Chopin-Denkmal.** Hier finden am Sonntag kostenlose Klavierkonzerte statt. An Polens berühmtesten Komponisten erinnert auch das

DIE WARSCHAUER ALTSTADT IST WELTKULTURERBE DER UNESCO.

Chopin-Museum (Muzeum Fryderyka Chopina) im barocken Ostrogski-Palast. Jeden Dienstag um 17 Uhr musizieren hier unter dem Motto »Young Talents« Studenten der Fryderyk-Chopin-Musikuniversität.

Nur einen kurzen Spaziergang weiter südlich zeigt das **Nationalmuseum** (Muzeum Narodowe w Warszawie) frühchristliche nubische Fresken sowie niederländische und flämische Kunst des Spätmittelalters, Meisterwerke von Botticelli, Tiepolo, Cranach und Watteau, aber auch das berühmte polnische Historiengemälde »Schlacht bei Grunewald« (1878) von Jan Matejko und Bilder der polnischen Impressionistin Olga Boznanska (1865–1940).

Im Park mit dem **Denkmal für die Helden des Ghettos** (Pomnik Bohaterów Getta), Ort des im Jahr 1970 berühmten Kniefalls seitens des damaligen Bundeskanzlers Willy Brandt, steht das 2014 eröffnete **POLIN** (Muzeum Historii Zydów Polskich). Der moderne Kubus, dessen gläserne Außenwände eine unregelmäßig geformte Spalte zerreißt, präsentiert in vorbildlicher Weise die tausendjährige Geschichte der polnischen Juden. Besonders fesselnd ist die Rekonstruktion der bunt bemalten Holzsynagoge von Gwozdziec aus dem 17. Jahrhundert. Wenngleich die Shoa sehr realistisch geschildert wird, geht es hier nicht um die Betrauerung, sondern um die Feier der jüdischen Kultur.

ÜBERNACHTUNGEN

›› Hotel Polonia Palace

Der schmucke Hotelbau steht mitten im Zentrum Warschaus gegenüber dem Kulturpalast und spielt mit neoklassizistischen und Jugendstilelementen. Dahinter erwartet den Gast ein ausgesuchter Service in stilvollem und modernem Ambiente.
www.poloniapalace.com

›› Mamaison Residence Diana

Apart bedeutet in der Hotelwelt dreierlei, und alle drei Bedeutungen treffen hier zu. Schick sind die Räumlichkeiten mit ihrem dezent-geschmackvollen Stil allemal, und sie bieten mit ihren luxuriös ausgestatteten Suiten auch alle Vorzüge eines Apartments. Und das keineswegs à part, sondern direkt im Stadtzentrum.
www.mamaisondiana.com/de

›› Residence 1898

Das Hotel wird seinem Namen vollauf gerecht. In einem hübschen Bau aus dem Jahr 1898 findet sich eine gelungene Kombination aus geschmackvoller und funktionaler Einrichtung, sodass man sich in den geräumigen Suiten wie zu Hause fühlt.
1898.pl/en/home

›› Chopin Boutique B & B

Im Herzen von Warschau gelegen, bietet das hübsche kleine Hotel in einem ehemaligen Wohnhaus alle Annehmlichkeiten für einen entspannten Aufenthalt. Zimmer im Art-déco-Stil, sehr gutes Frühstück.
bbwarsaw.com/en/chopin-boutique-bb-en

Ein Feuer speiender Drache, ein Schloss und Könige zuhauf – Krakau (Kraków) hat wahrhaft Märchenhaftes zu bieten. Auch wenn der Drache nur aus Bronze ist und die Könige seit Jahrhunderten in ihren Grüften ruhen.

Polens schönste Stadt ist ein Juwel des Mittelalters und der Renaissance. Die **Jagiellonen-Universität,** an der schon Nikolaus Kopernikus gewirkt hat, wurde 1364 von König Kasimir dem Großen gegründet. Die Studenten feiern nicht nur in den Bars und Kneipen der Arkaden am wunderschönen **Rynek Główny,** dem riesigen, von mittelalterlichen Bürgerhäusern und Adelspalästen gesäumten Hauptmarkt, sondern auch in Krakaus Szeneviertel **Kazimierz,** in dem lange überwiegend Juden wohnten. Mehrere ehemalige Synagogen wurden renoviert. In Kazimierz spielt man nicht nur Elektro, sondern auch Jazz und jüdische Klezmer-Musik. In der **Isaak-Synagoge** (Kupa 18) führen Absolventen der Krakauer Musikhochschule im Sommer Konzerte mit Klezmer-Musik auf.

KRAKAUS KULTURSCHÄTZE

Die beste Aussicht auf den Rynek Główny, Polens größte Freilichtbühne, bietet sich von den Arkaden und Attiken der **Tuchhallen,** einem gotischen Backsteinbau mit Prachtfassade im Stil der italienischen Renaissance. Noch immer spielt ein Trompeter jede Stunde auf dem höheren der beiden so ungleichen Türme der gotischen **Marienkirche** eine jäh abbrechende Melodie. Sie erinnert an den Wächter, der die Stadt 1241 vor einem Angriff der Mongolen warnte, bis ihn ein tödlicher Pfeil zum Schweigen brachte. Faszinierend ist der spätgotische Hochaltar, dessen Szenen aus dem Leben Mariens der berühmte deutsche Bildhauer Veit Stoss geschaffen hat. Sehr sehenswert ist auch die **Franziskanerkirche** mit herrlichem Jugendstildekor, das spätgotische **Collegium Maius** der Universität und das **Nationalmuseum,** das die berühmte »Dame mit dem Hermelin« (1489/90) von Leonardo da Vinci zeigt. Wertvolle Kunstsammlungen sind auch auf dem **Wawel** zu sehen. Zwischen dem 11. und 16. Jahrhundert bildete der Krakauer Schlossberg mit Kathedrale und Königsresidenz das Zentrum der weltlichen und geistlichen Macht Polens.

ÜBERNACHTUNG

›› Eden

Das einstige Wohnhaus des Gründers der Isaak-Synagoge beherbergt jetzt ein gemütliches 3-Sterne-Hotel.
www.hoteleden.pl/de/

REISEZEIT

Ende Juni/Anfang Juli findet im Szeneviertel Kazimierz das Jüdische Kulturfestival mit über 200 Veranstaltungen statt – die beste Zeit, um nach Krakau zu kommen und die einzigartige Stimmung zu erleben.

Nord- und Osteuropa

MITTELEUROPA

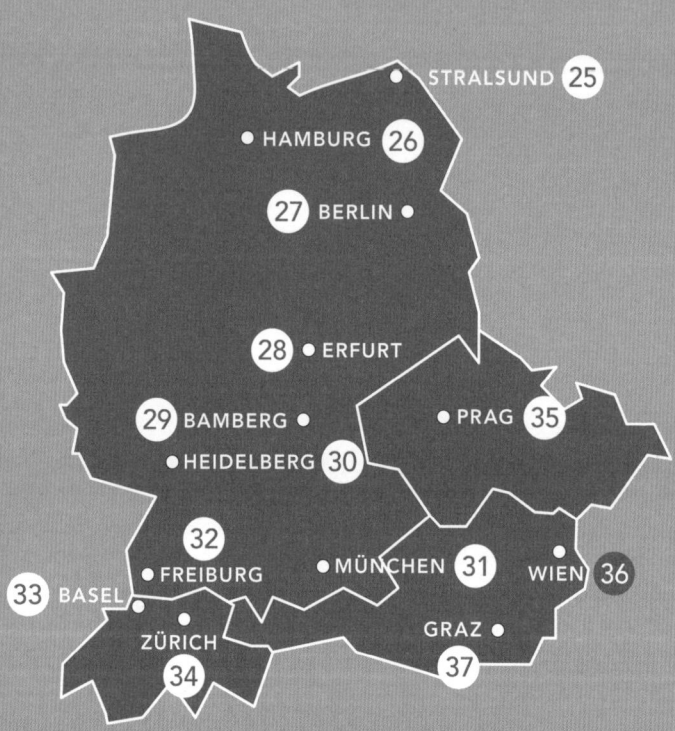

Von Stralsund an der Ostsee bis zu den Alpen beeindruckt Mitteleuropas enorme Vielfalt an Landschaften. Die darin liegenden Städte und Metropolen stehen dem nicht nach: das hanseatische Hamburg, Deutschlands Tor zur Welt, Berlin, stets sich wandelnd, Erfurt mit seinem Ponte Vecchio, Bamberg, das »fränkische Rom«, München mit seinen Prachtstraßen und bayrischem Charme, Wien, bis heute geprägt von Glanz und Gloria der Habsburger, oder Prag, die »Welthauptstadt der Fantasie« und geografisch genau im Zentrum Europs gelegen, warten als je eigene kulturelle Highlights auf. Ganz von seinem großen See im Alpenraum geprägt ist Zürich, wohingegen für Basel der Rhein die kulturelle Lebensader ist, die im Sommer zu einem besonderen City-Trip einlädt.

25 STRALSUND

»Meerstadt ist Stralsund, vom Meer erzeugt, dem Meere ähnlich, auf das Meer ist sie bezogen in ihrer Erscheinung und in ihrer Geschichte.«, dichtete Ricarda Huch. Profaner ausgedrückt: Stralsund verdankt seinen Aufstieg im Mittelalter den riesigen Heringsschwärmen an der Küste dieses Landstrichs, den die Slawen »po morje« nannten, »am Meer«.

AM BESTEN BEI EINEM KAFFEE DIE NIKOLAIKIRCHE UND DAS RATHAUS AUF SICH WIRKEN LASSEN.

Die geschützte Insellage war es wohl, die der Stralsunder Altstadt im Juli 2006 den Besuch des US-Präsidenten George W. Bush einbrachte. Wie alle illustren Gäste zog auch Bush mit einem Fässchen Stralsunder Bismarckhering wieder von dannen, der 1871 schon Reichskanzler Bismarck gemundet hatte: fangfrisch mild-sauer eingelegt, wie es sich gehört. Dazu schmeckt das eigens von Hanni, inzwischen von Tochter Franzi hergestellte »Fährwasser«, ein Kümmelschnaps, den es nur in Europas ältester Hafenkneipe »Zur Fähre« gibt.

GLANZSTÜCKE

Tatkräftig sorgen die Stralsunder dafür, dass ihre **Altstadt** nicht zum Freilichtmuseum verkommt. Aber sie ist schon faszinierend, die filigrane spätgotische Schaufront des **Rathauses** am **Alten Markt**. Mit seinen Giebeln und Fialtürmchen gehört es zu den Glanzstücken der Backsteingotik. Es fügt sich ein in das Ensemble stolzer Bürgerhäuser wie das **Wulflamhaus** (um 1350). Im **Museumshaus** in der Mönchstraße 38 sind die Zimmer im Zustand des 14. Jahrhunderts erhalten. Von mittelalterlichem Bürgerstolz künden auch die gotische Kirchen. Geradezu ein Fest für die Sinne bietet die **Nikolaikirche,** die heute wieder wie im 15. Jahrhundert in strahlenden Farben ausgemalt ist. Der Chor ist eine Symphonie von Pfeilern, Streben und Holzschnitzereien, gekrönt von einem rosenförmigen Schlussstein. Von wegen norddeutsche Nüchternheit! Monumentaler gibt sich die **Marienkirche** aus dem 15. Jahrhundert, von deren 104 Meter hohem Turm der Blick über die Altstadt schweift. Ihr Glanzstück ist die prächtige Barockorgel von Friederich Stellwagen.

NOCH MEHR MEER

Dass die Stralsunder innovativ sind, beweist auch das **Meeresmuseum.** Dafür wurde kurzerhand eine frühgotische Klosterkirche umgewandelt, die mit ihren Haien und Kraken inzwischen eine der meistbesuchten Attraktionen Mecklenburg-Vorpommerns ist. In einem spannungsreichen Kontrast zur **historischen Hafenfront** mit ihren alten backsteinernen Speichern steht seit 2008 der futuristische Neubau des **Ozeaneums.** Es präsentiert die Lebensräume Stralsunder Hafenbecken, Bodden, Ostsee, Wattenmeer, Helgoland und Nordpolarmeer.

ÜBERNACHTUNG

>> **Kontorhaus Stralsund**

Das moderne Hotel beim Ozeaneum bietet stilvolles hanseatisches Flair am Hafen.
www.kontorhaus-stralsund.de

REISEZEIT

Immer am ersten Samstag im Juli werden 2315 Meter beim Sundschwimmen, Deutschlands ältestem Langstreckenschwimmen, zurückgelegt. Ein Mega-Event!

Wie kaum eine andere Metropole in Europa ist Hamburg vom Wasser geprägt. Fleete und Kanäle durchziehen die Stadt, in der es mehr Brücken gibt als in London und Venedig zusammen. Der Hafen, Europas drittgrößter, gilt als Deutschlands »Tor zur Welt«. Und für den lässt es die Hansestadt jedes Jahr so richtig krachen: im Mai beim Hafengeburtstag.

Pyrotechniker bringen den Himmel und die Augen der sonst so coolen Hanseaten zum Leuchten. Auftakt des Partywochenendes zum Hafengeburtstag aber ist die Einlaufparade der rund 300 Großsegler, Traditions- und Museumsschiffe sowie moderner Kreuzfahrtschiffe am Freitag. Mit der Auslaufparade und der Verabschiedung der Schiffe endet das Fest am Sonntag. Samstags, vor dem abendlichen Feuerwerk, gibt es das legendäre Schlepperballett und die bunte Hafenmeile zwischen Landungsbrücken und Baumwall zum Bummeln und Schlemmen mit Livemusik und Fahrgeschäften.

NOCH MEHR FEIERN

Jedes Jahr im September reist dann die Musikwelt zum Reeperbahn Festival nach St. Pauli. Das Heiligengeistfeld zwischen Reeperbahn, Millerntor-Stadion, Wallanlagen und Messe verwandelt sich für vier Tage in ein rollrasenbegrüntes Festival Village. Eine Open-Air-Bühne steht hier sowie auf dem Spielbudenplatz gleich neben Davidwache, St. Pauli Theater und Schmidts Tivoli. Außer Konzerten – Jazz, Rock, Punk, Indie, Electronic, Rap oder R'n'B – werden Kunst-, Film- und Literaturveranstaltungen angeboten. Im Morgengrauen zieht es dann so manchen direkt aus dem Club zum Fischmarkt, wo es ja nicht nur Fisch, sondern allerlei Deftiges und frische Vitamine gegen den drohenden Kater gibt. Zum Auslüften geht's in den Park Planten un Blomen mit Japanischem Teehaus und dem Café »Schöne Aussichten«. Oder man bummelt durchs Schanzenviertel mit Restaurants, Kneipen, Boutiquen und dem legendären autonomen Kulturzentrum Rote Flora.

VERGANGENHEIT UND ZUKUNFT

Mit über 300 000 Quadratmeter Lagerfläche ist die heute unter Denkmalschutz stehende Speicherstadt, die aus dem Freihafen ausgegliedert wurde, das größte historische Lagerhausareal der Welt. Die Kontorlandschaft aus dunkel-

REISEZEIT

Hamburger Winter sind mild, die Sommer oft kühl. Die vielen Wasserwege wie Fleete, Kanäle und die Alster tragen zu einem ständig feuchten Klima bei. Nebel und das berühmte »Schietwetter« sind daher häufig anzutreffen. Selbst im Sommer sind unerwartete Regenschauer und graue Wolken keine Ausnahme.

Mitteleuropa

DEN WOHL SCHÖNSTEN BLICK AUF DIE SPEICHERSTADT HAT MAN VON DER POGGENMÜHLENBRÜCKE.

rotem Backstein, zierlichen Giebeln, Türmchen, Brücken und Kais erstreckt sich über fast zwei Kilometer. Die hohen Häuser erinnern an neogotische Kathedralen. Kein Wunder, die meisten Architekten hatten damals Kirchenbau studiert. Nachts erstrahlt die Wunderwelt der Speicherstadt im Licht Hunderter Scheinwerfer und blauer Neonröhren. Der grandiose Bau der Elbphilharmonie setzt seit 2017 den Akzent im Westen – mit spektakulärem Konzerthaus innen und fantastischer Aussicht von der Plaza außen. Im Rennen um die beste Hamburger Aussicht liegt das topmoderne Stück Designerarchitektur namens Dockland am alten Fischereihafen ganz weit vorn: ein spitz in See stechendes Büroschiff aus Glas und Stahl mit bestem Panoramablick. Man kann sich aber auch einfach am Elbstrand in den Sand setzen, zu einem der vielen Lagerfeuer, und den Schiffen nachsehen, ganz kostenlos.

Aber vielleicht sollte man vorher noch mit dem Auto oder dem Taxi über die Köhlbrandbrücke fahren. Noch gibt es sie, allerdings ist der Abriss der in die Jahre gekommenen grazilen Schrägseilbrücke, die über den 300 Meter breiten Verbindungsarm zwischen Süder- und Norderelbe führt, inzwischen beschlossene Sache. Von hier aus überblickt man den gesamten Hafen. Die Brücke von der Vergangenheit in die Zukunft schlägt das im Kaispeicher B untergebrachte Internationale Maritime Museum Hamburg, dessen neun Ausstellungsdecks 3000 Jahre Seefahrtsgeschichte präsentieren. Etwas weiter nimmt auf 157 Hektar Fläche die futuristische HafenCity Gestalt an. Europas größtes Neubaugebiet, die neue Wasserseite der Hamburger Innenstadt, beginnt nur zehn Fußminuten hinterm Rathaus, mit Wohnungen am Wasser, Lofts und Cafés, Büros und Bootsstegen. Viele Luxusappartements stehen bereits: Würfel aus Glas, Stahl und Backstein. So um 2030 sollen die Arbeiten voraussichtlich abgeschlossen sein.

UND SONST?

Jenseits der ursprünglichen Barockkirche St. Michaelis – der »Michel« ist *die* Hamburger Kirche – zeigt die Hansestadt mit Kolonnaden und Arkaden im klassizistischen Stil die hanseatische Eleganz einer Weltstadt. Im Renaissance-Rathaus schlägt das politische Herz des protestantisch-liberalen Stadtstaats. Um die Ecke strahlt der Jungfernstieg, die Flaniermeile an der Binnenalster, Noblesse aus, mit Freitreppen zur Binnenalster, die stolze Gründerzeitpaläste aus hellem Sandstein säumen. Vom Neuen Wall mit etlichen Edelboutiquen bis zur Admiralitätstraße geht man auf der Fleetinsel. Flankiert von Bleichen-, Herrengraben- und Alsterfleet, weist sie noch altehrwürdige Kontorhäuser aus dem 17. bis 19. Jahrhundert auf. Viele Galerien und das »Westwerk« mit interessanten Kunstevents logieren hier. Apropos Kunst: Groß ist die epochale Spanne der Hamburger Kunsthalle, dieses bedeutenden, aus Altbau (1869), Neubau (1909/19) und Galerie der Gegenwart (1997) bestehenden Museums am Glockengießerwall. Vom Grabower Flügelaltar (1379–1383, Meister Bertram) reicht die Palette über 600 Jahre Malerei, samt Peter Paul Rubens, Caspar David Friedrich, Edvard Munch, Ernst Ludwig Kirchner u. v. m. Im Sinne des ersten Direktors, Alfred Lichtwark, zeigen Wechselausstellungen Hamburger Kunst.

ÜBERNACHTUNGEN

›› Fritz im Pyjama

Hinter der klassischen Fassade eines Jugendstilwohnhauses aus dem frühen 20. Jahrhundert und einer ziemlich schmalen Tür verbirgt sich im Zentrum des Schanzenviertels ein großartig gestaltetes Hotel mit 17 individuell designten Zimmern, in denen man auch frühstücken kann.
www.fritz-im-pyjama.de

›› Gastwerk

Das 1892 erbaute Gaswerk hat eine beachtliche Entwicklung vom Industriedenkmal zum trendigen Übernachtungstempel mit Loftambiente hingelegt: Allein die riesige Lobby des Designhotels reicht über fünf Stockwerke. In den 141 Zimmern, Lofts und Suiten mischt sich roter Backstein mit Stahl, Holz und Teppichboden in warmen Farben. Fantastisch ist auch der großzügig angelegte Spa-Bereich.
www.gastwerk.com

›› Wedina

Nahe dem Literaturhaus gelegen, ist dieses literarische Hotel ein schönes Kapitel für sich, das Leser sehr schätzen. Ebenso Autoren auf Lesereise: Hier signierte Erstausgaben (z. B. Margaret Atwood, Henning Mankell, Michel Houellebecq) füllen die Hausbibliothek.
www.hotelwedina.de

27 BERLIN

TEMPELHOFER FELD

Berlin ist voller Überraschungen und immer wieder neu. 1920 vereint aus 94 Gutsbezirken, Dörfern und Städten, entstanden um Kirchen und Rathäuser herum all die Kieze, die den Berlinern – und dazu gehört jeder, der schon ein paar Monate hier lebt – Heimat geworden sind. Die meisten Berliner wundern sich, dass ihre Stadt vielen Fremden »zu groß« ist. Ihr Berlin ist überschaubar, wobei mancher seinen Kiez nur für Theater- oder Konzertbesuche verlässt. Oder wenn Besuch kommt.

Dann staunt er, wie sich alles verändert hat. Berlin hat den exklusiven Reiz der Hauptstadt. Und in den Top Ten der meistbesuchten Sehenswürdigkeiten Deutschlands punktet es mit Brandenburger Tor, Mauer und Museumsinsel gleich dreifach. Wer ein Wochenende zur Stadtbesichtigung nutzen mag, könnte am Hauptbahnhof starten. In die »Kanzler-U-Bahn« (U 55) gestiegen, ist nach drei Stationen das **Brandenburger Tor** erreicht, einen Katzensprung vom **Reichstag** mit seiner beeindruckenden Glaskuppel entfernt. Ebenso nah auch, aber Richtung **Potsdamer Platz,** liegt das von Peter Eisenman eindrucksvoll gestaltete **Holocaust-Mahnmal.** Wer den Prachtboulevard **Unter den Linden** entlanggeht, steht am **Berliner Dom** bereits auf der **Museumsinsel.** Das UNESCO-Welterbe zählt pro Jahr gut 2,5 Mio. Besucher. Kein Wunder: 100 Jahre Museumsarchitektur und 6000 Jahre Kunst- und Kulturgeschichte sind hier versammelt. Kein Wunder auch, dass es – egal ob **Pergamon** (das jetzt leider lange Zeit wegen Sanierungsarbeiten geschlossen bleibt), **Bode** oder **Neues Museum** – Wartezeiten gibt. Stadtfremde fragen oft: Ist das jetzt Osten oder Westen? Sichtbar blieb die Grenze an der **Bernauer Straße,** wo sich zu Zeiten der geteilten Stadt viele dramatische Szenen abspielten. Davon erzählt die **Gedenkstätte Berliner Mauer,** an die sich der belebte und beliebte **Mauerpark** anschließt – vor allem, wenn sonntags die Berliner ihre Flohmarktstände und Joe Hatchiban seine Karaoke-Anlage im Amphitheater aufbauen. Kein schlechter Ort für eine Berliner Weiße. Mit oder ohne Schuss.

GRENZERFAHRUNGEN

Wenn der ICE sanft in die 320 Meter lange gläserne Halle des **Berliner Hauptbahnhofs** gleitet, werden sich ältere Passagiere daran erinnern, dass hier einst der verwahrloste Lehrter Bahnhof stand, ein schmuddeliger Abgesang des Wes-

REISEZEIT

Berlin ist eine Sommerstadt. Ab Mai werden die winter-ruppigen Berliner mit den ersten wärmenden Sonnenstrahlen auffallend freundlich. Cineasten zieht es jedoch schon Anfang Februar zur Berlinale, den Internationalen Filmfestspielen, in die Hauptstadt und ihre Kinos.

tens, bevor es hinüberging in eine bizarre Landschaft aus Absperrungen, Minenfeldern, Backsteinruinen und viel grauer Leere, bis der Zug nach wenigen Minuten in den **Bahnhof Friedrichstraße** einlief. Auch ihn erkennt man nicht wieder, den einstigen **Tränenpalast** mit seinen von Grenzpolizisten gesäumten Bahnsteigen, seinen blassgelben Kacheln, dem Geruch nach scharfen Reinigungsmitteln und den Klaustrophobie auslösenden Kabuffs, in denen DDR-Grenzer einem peinlich lange in die Augen stierten, als könnten sie darin die finsteren Absichten eines Republikfeinds herauslesen. Heute ist hier die Ausstellung »Ort der deutschen Teilung« zu sehen. Die Berliner Mauerr vermisst niemand, und doch wünschte man sich, es gäbe von ihr noch etwas mehr zu sehen als das unter Denkmalschutz stehende Stück **East Side Gallery.** Hier an der Mühlenstraße am Ufer der Spree haben Künstlerinnen und Künstler aus aller Welt 1990 in einer spontanen Aktion die grauen Segmente der »Hinterlandsicherungsmauer« zwischen Ostbahnhof und neogotischer **Oberbaumbrücke** bemalt und in ein insgesamt 1300 Meter langes buntes Kunstwerk verwandelt. Bekannte Malereien: Leonid Breschnew und Erich Honecker geben sich den sozialistischen Bruderkuss, ein Trabi durchbricht die Mauer.

FOOD, SHOPPING, NIGHTLIFE

Egal, ob es die klassische Currywurst oder ein veganes Curry beim Vietnamesen ist: Die Auswahl ist riesig, und Essengehen macht richtig Spaß in Berlin. Nicht zuletzt, weil im Restaurant verzehrte Mahlzeiten hier immer noch deutlich günstiger sind als in den allermeisten anderen Städten. Doch auch hierzu existieren Alternativen, denn Berlin hat kulinarisch mächtig aufgeholt und lockt mittlerweile mit zwei Dutzend Sternerestaurants. Im Anschluss sollte die Energie für einen Shoppingbummel reichen. Vielleicht ist es nun also an der Zeit, das legendäre Luxuskaufhaus **KaDeWe** (Kaufhaus des Westens) und seine Feinkostabteilung zu besuchen oder aber die Vinylsammlungen der Plattenfachgeschäfte am **»Boxi«,** am Boxhagener Platz in Friedrichshain zu durchforsten und in den benachbarten Vintage-Läden die

HERTA HEUWER ERFAND 1949 IN IHRER IMBISSBUDE IN BERLIN-CHARLOTTENBURG DIE CURRYWURST: BERLINER »FAST FOOD MIT FLAIR«.

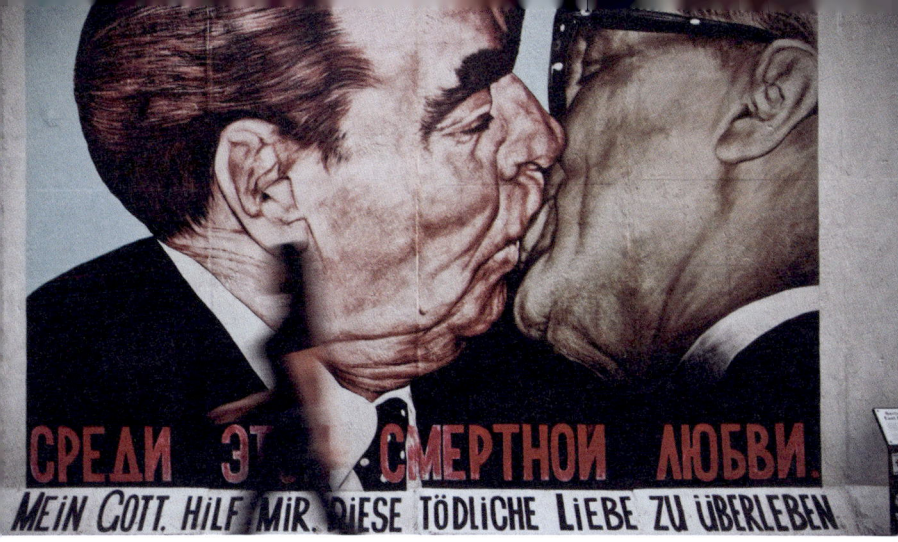

HATTEN SICH AM 7. OKTOBER 1979 TATSÄCHLICH GEKÜSST: BRESCHNEW UND HONECKER.

Garderobe aufzufrischen? Das geht alles. Und dann gibt es ja auch noch das Berliner Nachtleben. Und die Hipster aus der ganzen Welt sind schließlich nicht umsonst in die deutsche Kapitale gezogen, um sich auszutoben. Ob es gleich das **Berghain** sein muss, sei dahingestellt, schließlich gelten die Türsteher des mystischen Techno-Clubs als notorisch streng. Doch von der **Kreuzberger Oranienstraße** über den **Helmholtzplatz** und seine Seitenstraßen am **Prenzlauer Berg** bis zur **Weserstraße** in **Neukölln** gibt es ja genug Alternativen für den Konsum eines der zahlreichen Craft-Biere oder eines Longdrinks auf Basis von Bio-Spirituosen. Und im Sommer geht's zum **Badeschiff Arena Berlin,** wo man im 25 Meter langen Pool im Zentrum der Stadt schwimmen und anschließend mit einem Drink am Strand abhängen kann.

ÜBERNACHTUNGEN

›› Ackselhaus & Blue Home

Ein vorbildlich restauriertes Gründerzeithaus: Hinter jeder Zimmertür wartet ein anderer Urlaub im Urlaub, man ruht im rötlichen Ambiente in »China« oder schläft im »Strandhaus«. Entspannung pur bietet der mediterrane Garten mit Brunnenplätschern.
www.ackselhaus.de

›› 25hours Hotel Bikini

In eine entspannte grüne Stadtoase mit Dschungelambiente verwandelte Architekt Werner Aisslinger den denkmalgeschützten Bikini-Bau. Stylishe Zimmer, wahlweise mit spektakulärem Blick aus bodentiefen Fenstern auf den Berliner Zoo oder den Breitscheidplatz und den Anfang des Ku'damms. Mit Fahrradverleih.
www.25hours-hotels.com

28 ERFURT

Ein Ponte Vecchio in Deutschland? Ja, den gibt es: in Thüringens Hauptstadt Erfurt! Hier führt die malerische, im Jahr 1325 errichtete steinerne Krämerbrücke in sechs Bögen über den Fluss Gera. Sie ist heute die einzige bebaute Brücke nördlich der Alpen. Zum Leben Erfurts gehört außerdem – und zwar seit dem 19. Mai 1499 – der einzigartige Klang der Glocke Gloriosa.

AUF DER KRÄMERBRÜCKE STEHEN 32 FACHWERKHÄUSER. ST. ÄGIDII MARKIERT DEN OSTZUGANG.

Gloriosa zählt nicht nur wegen ihres ehrwürdigen Alters zur absoluten Weltspitze, auch die schiere Größe und der Klang dieser Glocke suchen ihresgleichen. Auf ihren Schlag hörte schon ein junger Student namens Martin Luther, bevor es ihn aus Erfurt und in die Weltgeschichte zog.

HOCH HINAUS UND AB AUF DIE BRÜCKE

Zumindest ein wenig hoch hinaus geht es auf den Petersberg. Mit rund 230 Meter Höhe überragt er die Stadt und ermöglicht wunderbare Ausblicke. Die riesige Zitadelle Petersberg ist der Öffentlichkeit zugänglich und erlaubt weitläufige Spaziergänge in der glänzend erhaltenen Anlage. Besonderes Highlight sind abendliche »Funzelführungen« durch die geheimnisvollen unterirdischen Gänge der Festung. Das Wort Domberg wiederum weckt zwei Erwartungen. Die erste wird erfüllt, die zweite übertroffen. Erstens verbindet man »Berg« sogleich mit der Aussicht auf Aussicht. Und genau so ist es, auch wenn man es eher mit einer Anhöhe zu tun hat. Zweitens erwartet man bei »Dom« eine Kirche und entdeckt gleich zwei. Jede für sich ist schon wunderschön, zusammengenommen beeindrucken sie als Ensemble umso mehr: der Erfurter Dom St. Marien, der die Glocke Gloriosa beherbergt, und die Severikirche, ein meisterhaftes Beispiel der Hochgotik. Die 120 Meter lange, aus dem 15. Jahrhundert stammende Krämerbrücke ist wie ihre italienische Kollegin in Venedig mit Häusern bebaut, aber das im richtig großen Stil: Sie wird zu beiden Seiten von herrlichen, mehrstöckigen Fachwerkbauten gesäumt. Das ist so gründlich gelungen, dass man zuerst mal einen Blick vom Ufer der Gera auf die grandiose Konstruktion werfen sollte, sonst vergisst man schnell, auf einer Brücke zu stehen, während man durch die Gasse mit den vielen kleinen Läden flaniert.

ÜBERNACHTUNG

›› Krämerhaus Suiten

Um sich gänzlich dem Charme der Krämerbrücke hinzugeben, gibt es nichts Besseres, als direkt auf ihr zu übernachten: in den stilvollen Suiten des Krämerhauses.
www.kraemerhaus.de

UND SONST?

Auch der Fischmarkt mit dem Rathaus und der Kunsthalle im Haus zum Roten Ochsen, der egapark und das Augustinerkloster sind unbedingt einen Besuch wert. In dem ehrwürdigen, 750 Jahre alten Gemäuer des Klosters kann man sogar übernachten.

REISEZEIT

Die Erfurter fiebern dem dritten Juni-Wochenende entgegen. Denn dann wird drei Tage lang das Krämerbrückenfest gefeiert.

29 BAMBERG

Mit den Altstadtgassen, den Hügeln und den Brücken – an Bamberg kann man sein Herz verlieren. Dabei mangelt es nicht an touristischer Konkurrenz, denn Würzburg, Bayreuth und Nürnberg sind nicht weit entfernt. Allein schon das Panorama mit der Altenburg, die seit dem Mittelalter über den Dächern der Stadt ruht, ist an romantischem Flair kaum zu überbieten.

AUF EINER KÜNSTLICHEN INSEL IN DER REGNITZ WURDE DAS ALTE RATHAUS ERRICHTET.

Die Stadt ist als »fränkisches Rom« bekannt, mit sieben Hügeln, die zahlreiche herrliche Aussichtspunkte bieten. Die **Altstadt** als Musterbeispiel mittelalterlicher Stadtarchitektur ist UNESCO-Weltkulturerbe und rechtfertigt dies an jeder Ecke mit prächtigen Bauten und Plätzen. Und abends bringen zahllose Studierende die Fachwerkidylle beim Bamberger Rauchbier in Schwung.

BRAUKUNST

Man kann mit Fug und Recht die Augenbraue heben: ein Rauchbier? Was ist das denn? Und warum gibt es in der Stadt allein 60 Brauereien? Will man die dazugehörigen Geschichten und Traditionen kennenlernen, ist das **Fränkische Brauereimuseum** der perfekte Ort dafür. Herrlich untergebracht ist es auf dem **Michaelsberg**. Und wer will, kann auf dem 34 Kilometer langen **13-Brauereien-Weg** auch die kulinarische Seite der Stadt kennenlernen, denn beim Schlemmen hat Bamberg genauso viel Klasse wie beim Bier.

(ROMANTISCHE) STREIFZÜGE

Fast scheint es, als hätte man sich im 14. Jahrhundert entschieden, den Bau direkt in die Regnitz hineinzustellen. Denn genau da steht das **Alte Rathaus** auf einer kleinen Insel mitten im Fluss. In seinen herrlichen Räumen befindet sich u. a. die **Sammlung Ludwig,** die Fayence- und Porzellankunst ausstellt. So viel wurde über die Erscheinung des **Bamberger Reiters** geschrieben, dass darüber der mächtige romanische **Dom** fast in den Hintergrund rückt. Die 2,33 Meter große Skulptur, die oben auf einem Seitenpfeiler im Schatten des Doms steht, zieht den Betrachter sofort in ihren Bann. Ein harmonisches Ensemble mit dem Dom bildet die Renaissancefassade der **Alten Hofhaltung.** Der wunderschöne, von Fachwerkbauten gesäumte Innenhof bildet einen festlichen Rahmen für die Calderón-Festspiele des **ETA Hoffmann Theaters.** Für den Ideenreichtum und die Fantasie der deutschen Romantik steht der Schriftsteller ETA Hoffmann wie kein zweiter. Im **ETA Hoffmann-Haus** wird durch ein Spiegellabyrinth seine Gedankenwelt sinnlich erfahrbar oder im Zaubergarten die Welt von »Der Goldene Topf« heraufbeschworen.

ÜBERNACHTUNG

>> **Hotel Wohnbar**

Mitten in der Bamberger Innenstadt erwarten einen topmoderne, hervorragend ausgestattete Räumlichkeiten hinter einer dezenten Jugendstilfassade.
www.wohnbar-bamberg.de

REISEZEIT

Bamberg ist zur Sommer- wie zur Winterzeit eine Pracht. Sehr schön ist der Weihnachtsmarkt am Maximiliansplatz.

Mitteleuropa

»Um gut zu wirken, muss eine Ruine den richtigen Standort haben. Diese hier hätte nicht günstiger gelegen sein können«, befand Mark Twain in seinem satirischen Reisebuch »Bummel durch Europa« (1880) über das Heidelberger Renaissanceschloss, das der englische Maler William Turner in geradezu psychedelisch wirkenden Sonnenuntergangsansichten verklärte.

Wie schon Lessing, Goethe und Eichendorff, Sir Walter Scott und Victor Hugo vor ihm bewunderte Mark Twain gleich einen ganzen Sommer lang die wunderbare Aussicht vom Naturbalkon des Philosophenwegs auf die imposante Ruine der Schlossanlage, den Neckarfluss mit der Alten Brücke und das barocke Häusergewirr der Altstadt, aus dem der schlanke Turm der Heiliggeistkirche aufragt.

POSTKARTENBLICKE

Unzählige Gelehrte und Studenten sind während ihres Studiums der sieben freien Künste den zum Teil steilen Philosophenweg entlanggewandelt und haben dabei vielleicht Latein- und Griechischvokabeln memoriert. Auf dem berühmten Weg herrscht ein geradezu toskanisches Klima: Am Sonnenhang des Heiligenbergs gedeihen exotische Pflanzen wie Japanische Wollmispel und Amerikanische Zypresse, Spanischer Ginster und Portugiesische Kirsche, Zitronen- und Granatapfelbaum, Bambus, Palme und Pinie. Trotz der fantastischen Aussicht finden bei Weitem nicht alle Touristen hierher, weil keine bequeme Bergbahn hinauffährt wie zum Heidelberger Schloss auf der Jettenbühl-Terrasse unterhalb des Königstuhls. Wer vom Merianblick auf den östlichen Teil der Altstadt schaut und dieses Panorama mit einer Stadtansicht Matthäus Merians von 1620 vergleicht, stellt verblüfft fest, wie wenig sich dieses »Haidelberga« in rund 400 Jahren verändert hat, vom Schloss einmal abgesehen, das während des Pfälzischen Erbfolgekrieges Ende des 17. Jahrhunderts von französischen Truppen zerstört wurde. Dass Hölderlins »Ländlichschönste« im Zweiten Weltkrieg verschont blieb, ist möglicherweise der in den 1920er-Jahren in den USA überaus erfolgreichen Operette »The Student Prince« zu verdanken, in dem ein Prinz sein Herz in Heidelberg verliert. Statt diesen Inbegriff der deutschen Romantik zu bombardieren, richteten die Amerikaner hier lieber nach 1945 ihr europäisches Hauptquartier ein.

REISEZEIT

Heidelberg ist bei Touristen aus aller Welt so beliebt, dass es im Allgemeinen brummt, doch im Januar herrscht relative Ruhe. Im September, beim Heidelberger Herbst, begeistert u. a. der Flohmarkt in den Altstadtgassen sowie am Neckarufer und das abendliche Open-Air-Konzert.

GLICH DIE HAFT IM STUDENTENKARZER EHER EINER »PARTY IM KNAST«? JEDENFALLS SOLL ES IM 19. JAHRHUNDERT EINE ART SPORT GEWESEN SEIN, EINMAL IM STUDENTENLEBEN IN DEN KARZER ZU KOMMEN. DIE »GRAFFITIS« AN DEN WÄNDEN KÖNNEN AUFSCHLUSS GEBEN ...

Über mangelndes Publikum können sich die Musicals bei den Heidelberger Schlossfestspielen im Innenhof bis heute nicht beklagen.

STUDENTENSTADT

Zum Hort deutscher Studentenseligkeit wandelte sich Heidelberg mit der Neuorganisation der Universität unter Kurfürst Karl Friedrich von Baden im Jahre 1803. Es begann mit Clemens Brentano, der zusammen mit Achim von Arnim von 1805 bis 1808 »Des Knaben Wunderhorn« veröffentlichte, eine Sammlung von Volksliedtexten vom Mittelalter bis ins 18. Jahrhundert. 1817 zog der Schriftsteller Jean Paul geradezu triumphal in Heidelberg ein. Joseph Victor von Scheffel setzte mit seinen berühmten Liedern wie »Alt Heidelberg du feine« und »Gaudeamus igitur« der Trinkfestigkeit der Heidelberger Studenten ein unsterbliches Denkmal. Die seltsamen Trink- und Fechtrituale der Burschenschaften, über die Mark Twain höchst amüsant zu erzählen weiß, sind vielen deutschen Besuchern heute ein wenig suspekt. Amerikanische und asiatische Touristen sind da toleranter. Im Keller des Schlosses neben dem Friedrichsbau knipsen sie begeistert das berühmte und viel besungene Heidelberger Fass aus dem 18. Jahrhundert, das 221 726 Liter fasste, und schmunzeln über den trinkfreudigen Zwerg Perkeo, den Hofnarren von Kurfürst Karl III. Philipp von der Pfalz und vor allem Hüter des Großen Fasses. Auch im Studentenkarzer an der Rückseite der Alten Universität wird äußerst gern fotografiert. In früheren Zeiten saßen Studenten hier bei Verstößen gegen die öffentliche Ordnung bis zu vier Wochen lang ein. Lediglich die Lehrveranstaltungen durften sie besuchen. Wie sie sich die Mußestunden vertrieben, ist noch heute an den Wänden des Karzers abzulesen. Künstlerisch wertvoller ist sicherlich der berühmte Zwölfbotenaltar (1509) von Tilman Riemenschneider im Kurpfälzischen Museum in der Hauptstraße. Und im wunderbar ruhigen Garten des Museums trifft man, anders als im zugegebenermaßen trotzdem zauberhaften barocken Schlossgarten, zur Abwechslung mal keine Touristenmassen, sondern echte Heidelberger. Und die sind mit Sicherheit zivilisierter als der »Homo heidelbergensis«, der schon vor 600 000 Jahren durch das Neckartal streifte.

EINE BRÜCKE UND DIE BAHNSTADT

Natürlich muss man einmal über eine der bekanntesten Sehenswürdigkeiten Heidelbergs flanieren: über die Alte Brücke aus Sandstein, die mit rund 200 Metern Länge über den Neckar führt und die Altstadt mit dem Neckarufer am östlichen Ende des Stadtteils Neuenheim verbindet. In Neuenheim angekommen, geht das Flanieren weiter, etwa in der Brückenstraße mit ihren prachtvollen Häusern und kleinen Geschäften oder auf dem Neuenheimer Marktplatz, wo man mittwochs und samstags über den Wochenmarkt schlendern kann.

Wer jetzt noch Lust hat, sich einen Eindruck vom neuesten Heidelberger Stadtviertel zu verschaffen, der fährt in die Bahnstadt und auf das Gelände des ehemaligen Güterbahnhofs zum historischen Stellwerk 5: Im Café Simon & Bearns kann man herrlich entspannen und den Sonnenuntergang genießen.

ÜBERNACHTUNGEN

>> Qube Hotel Bahnstadt

Modernes, stilvolles Design in einem Passivhaus in Heidelbergs jüngstem Viertel Bahnstadt. Mit Restaurant und Rooftop-Bar, von der man einen tollen Blick über Heidelberg hat.
qube-hotel-heidelberg.de/bahnstadt

>> NH Collection Heidelberg

Das Hotel befindet sich, nur ein paar Minuten vom Stadtzentrum entfernt und im ruhigen Viertel Bergheim gelegen, in einer ehemaligen Brauerei und kombiniert historische Elemente mit modernem Komfort. Angeblich soll in der Lobby noch der Geist des alten Braumeisters Friedrich Kleinlein umgehen. Mit Fitness- und Spa-Bereich.
www.nh-hotels.com/de/hotel/nh-collection-heidelberg

>> Arthotel Heidelberg

Das Hotel befindet sich in einem Gebäude aus dem 19. Jahrhundert im Herzen der Altstadt, das liebevoll renoviert wurde und historische Elemente wie sichtbare Balken und Steinwände bewahrt hat. Jedes der 24 Zimmer und Suiten ist individuell gestaltet mit Kunstwerken und Designermöbeln. Mit Restaurant und Lounge, in der man tagsüber Kaffeee trinken kann und die abends als klassische Cocktailbar fungiert.
www.arthotel.de

ENGLISCHER GARTEN MIT MONOPTEROS

31 MÜNCHEN

BIERGARTEN AM KLEINHESSELOHER SEE

Es gibt keinen besseren Ort als den Biergarten, um mit der Entdeckung Münchens zu beginnen und beim Flirt der Devise des seligen Monaco Franze zu frönen: »A bisserl was geht allaweil.« Auswärtige und Einheimische sitzen friedlich vereint bei einer Maß, denn der Münchner pflegt dem Fremden gegenüber eine lässige, geradezu weltmännische Toleranz, die berühmte »Liberalitas Bavarica« eben.

Ende April, wenn der Himmel wirklich so blau ist, wie in der Bayernhymne besungen, und in den Biergärten die Kastanien weiß und rot blühen, dann ist es in der Isarmetropole besonders schön. Genau die richtige Zeit, um durch den **Schlosspark Nymphenburg** und den angrenzenden **Botanischen Garten** zu spazieren, in dem jetzt die Tulpen in allen nur möglichen Farbschattierungen blühen, im Biergarten am **Chinesischen Turm** im zartgrün leuchtenden **Englischen Garten** die erste Maß zu genießen und auf dem **Viktualienmarkt** die malerischen Auslagen mit Obst, Gemüse, Käse, Würsten, Gewürzen, Oliven, Knoblauchsträußen und Blumen zu bewundern.

IN DER ALTSTADT

An klaren Tagen, besonders aber bei Föhnwetterlage, rücken die Alpen fast in greifbare Nähe. Den schönsten Überblick verschafft der anstrengende Aufstieg zur Turmgalerie des **Alten Peters:** links die **Frauenkirche** mit den ihrer »Welschen Hauben« wegen unverwechselbaren Zwillingstürmen, rechts der grazile Turm des spätgotischen **Alten Rathauses** und dazwischen der **Marienplatz** mit dem **Neuen Rathaus,** dessen Glockenspiel man am besten vom Fenster des gleichnamigen Cafés gegenüber im 5. Stock betrachtet, denn dann muss man sich nicht den Hals verrenken.

WEGE ZUR KUNST

Vom Marienplatz aus sind es nur wenige Fußminuten zu den größten Attraktionen der Stadt. Nur ein kurzer Spaziergang durch die Fußgängerzone **Sendlingerstraße** – und schon steht man vor der **Asamkirche,** dem kleinen, aber feinen barocken Kunststück der Asam-Brüder. Dann wieder zurück zum Marienplatz, ins **Tal** hinein und durch die Böhmler-Passage geradewegs zum **Hofbräuhaus.** Weiter zur **Maximilianstraße** mit ihren Nobelboutiquen, und schon gelangt man zur **Residenz der Wittelsbacher.** Hinein geht's durch ein Portal, das zwei Löwen

REISEZEIT

Ende April findet die traditionelle Auer Dult auf dem Mariahilfplatz statt, und in der letzten April- und ersten Maiwoche lockt das Frühlingsfest, die »kleine Wiesn« auf dem Oktoberfestareal. Im August wird zum Olympiasee gepilgert: zum THEATRON und Münchens Musiksommer. Hier gibt es täglich Livemusik bei freiem Eintritt.

mit blankgeputzten Nasen (Reiben verheißt Liebesglück!) bewachen. Das Antiquarium mit seinem Tonnengewölbe gilt als größter und prächtigster profaner Renaissanceraum außerhalb Italiens, und mit den Schätzen des **Residenzmuseums** könnte man viele Stunden verbringen. Im **Cuvilliés-Theater,** Europas schönstem Rokokotheater, wurde 1781 Mozarts »Idomeneo« uraufgeführt. Verschnaufen kann man im **Hofgarten** mit Blick auf den **Dianatempel** und die ockergelbe **Theatinerkirche,** die München italienisches Flair verleiht. Weiter westlich liegt das Kunstareal, u. a. mit der **Neuen** und **Alten Pinakothek.** Wenigstens eine Stippvisite bei Altdorfer, Brueghel, Dürer und Co. in der Alten Pinakothek sollte man sich gönnen. Anschließend kann man auf dem Weg zum **Karlsplatz/Stachus** noch an der HFF, der **Hochschule für Fernsehen und Film** vorbeischauen, wo u. a. die Oscar-Preisträger Caroline Link und Florian Henckel von Donnersmarck studiert haben, und danach in der **Galerie im Lenbachhaus** die Meisterwerke des »Blauen Reiters« bewundern. Zwei S-Bahnstationen südöstlich liegt das **Deutsche Museum,** dessen Wunder der Technik man sich am besten für einen Regentag aufspart.

MODERNES MÜNCHEN

An schönen Tagen fährt man mit der U-Bahn zum **Olympiastadion,** dessen Zeltarchitektur auch nach mehr als 50 Jahren nichts von ihrer Einzigartigkeit verloren hat. Bisher konnte man im Expressfahrstuhl hinauf zur Aussichtsplattform des **Olympiaturms** sausen, von wo aus, wenn es dunkel war, die effektvoll beleuchtete avantgardistische **BMW-Welt** gleich noch aufregender aussah. Doch der Turm ist wegen Sanierungsarbeiten voraussichtlich bis 2026 geschlossen. Dafür kann man bei einer geführten Tour über das Zeltdach des Olympiastadions zwei Stunden im Höhenrausch verbringen. Abends dann die Qual der Wahl: Vielleicht eine Aufführung im **Residenztheater** oder in den **Kammerspielen,** ein Symphoniekonzert eines der drei Münchner Orchester von Weltrang? Wer eine Restkarte fürs **Nationaltheater** ergattern kann, schaut eine Opernaufführung. Oder man stürzt sich ins Münchner Nachtleben. Das Glockenbachviertel rund um den **Gärtnerplatz** und die »Feierbanane« zwischen **Sendlinger Tor** und **Maximiliansplatz** sind angesagte Hotspots.

BIERGARTEN-ENTDECKER

Geradezu als Inbegriff des Münchner Biergartens gilt der **Augustinerkeller** in der Arnulfstraße beim Hauptbahnhof. Schattige Kastanien, Holzfassausschank, Steckerlfisch, Hendlbraterei und resolute Bedienungen: Hier ist alles so, wie es sein muss. Profis holen die nächste Maß erst dann, wenn eine Glocke den Fasswechsel ankündigt. Durch die Arnulfstraße fährt die Tram zum **Hirschgarten:** Münchens größter und auch einer der beliebtesten Biergärten. 7000 Durstige finden hier Platz, aus den Fässern fließt

WELTBERÜHMT IST DAS 75000 QUADRATMETER GROSSE ZELTDACH DES OLYMPIASTADIONS.

Augustiner Helles, das Kenner dem sonst oft ausgeschenkten Augustiner Edelstoff vorziehen. Wem der Hirschgarten zu groß ist, der lässt sich im intimeren **Taxisgarten** in Neuhausen nieder, eine der schönsten Kastanienanlagen Münchens. Wer an der Isar entlang in Richtung Süden radelt, könnte unterwegs im schattigen Biergarten des **Hofbräukellers** am Wiener Platz in Haidhausen einkehren oder noch weiter südlich im Paulanerkeller, besser bekannt als **Nockherberg**, wo sich im März die politische Prominenz einfindet, um sich beim Starkbieranstich »derbleckn« zu lassen. In Thalkirchen sonnt man sich tagsüber nackert auf dem Isarkies oder badet im Fluss, anschließend setzt man sich – bittschön bekleidet – zu einer Maß in den **Biergarten des Flaucher.**

ÜBERNACHTUNGEN

›› Cortiina

Zentral zwischen Oper, Marienplatz und Viktualienmarkt liegt das Designhotel, dem man von außen das ästhetische, durchgestylte Innere nicht ansieht – es gilt daher als offener Geheimtipp bei Insidern. Ein Muss: die Bar mit feinen Weinen und fachkundigem Personal.
www.cortiina.com

›› Gästehaus Englischer Garten

Aus den Fenstern im Osten kann der Blick direkt im Englischen Garten verweilen, und nach wenigen Schritten aus der charmantnostalgischen Herberge ist auch man selbst dort. Gemütliche, einfache Zimmer, teils ohne eigenes Bad.
www.hotelenglischergarten.de

1 SUNDOWNER ÜBER DEN GLEISEN AUF DER HACKERBRÜCKE IN MÜNCHEN.

2 ZENTRUM DER BAYERISCHEN LANDESHAUPTSTADT IST DER MARIENPLATZ.

3 RICHTIG GROSSE KUNST GIBT ES IN DER ALTEN PINAKOTHEK.

4 MONOPTEROS-AUSSICHT IM ENGLISCHEN GARTEN: FRAUENKIRCHE (LINKS) UND THEATINERKIRCHE (RECHTS).

5 RIVERSURF-HAUPTSTADT MÜNCHEN: DIE EISBACHWELLE IST DIE GRÖSSTE SURFBARE FLUSSWELLE MITTEN IN EINER GROSSSTADT.

32 FREIBURG

Was gibt es Schöneres, als in einem Freiburger Straßencafé zu sitzen und sich vom Kellner erklären zu lassen, was »Ritscherle« und »Sonnenwirbele« sind? Das Gespräch über badischen Feldsalat ließe sich dann im Biergarten der Hausbrauerei Feierling in der Gerberau vertiefen. Auf dem malerischen Augustinerplatz nebenan unterhalten Straßenkünstler ein buntes Publikum.

ABKÜHLUNG FINDET MAN IN FREIBURGS BERÜHMTEN BÄCHLE, HIER AM AUGUSTINERPLATZ.

Immer weniger Abgase stören in der Radfahrerstadt mit ihrem vorbildlichen Nahverkehrskonzept die Idylle. Die Altstadt ist sogar ganz autofrei. Die Stöckelschuhe bleiben des Kopfsteinpflasters wegen aber besser zu Hause. Dafür kann man an schwülen Sommertagen die Füße in einem Bächle kühlen. So heißen die schmalen Kanäle, die noch heute an den Straßenrändern entlang die Innenstadt durchziehen. Mit durchschnittlich 1800 Sonnenstunden im Jahr ist es hier fast immer etwas wärmer als anderswo. Kein Wunder, dass Freiburg schon früh zu einem Zentrum der deutschen Solarenergieforschung aufstieg.

MUST-SEE

Keine Solarzellen, sondern mittelalterliche Buntglasfenster erleuchten das Innere des Freiburger Münsters, eine beschwingte Stilreise von der Spätromanik über die Hochgotik zur Frührenaissance. Ein absolutes Meisterwerk ist der zwischen 1512 und 1516 von Hans Baldung Grien geschaffene Hochaltar, und am reich skulptierten Hauptportal des Münsters lernt sogar der Teufel das Beten. Schließlich wartet noch der »schönste Turm der Christenheit«, wie der Kunsthistoriker Jacob Burckhardt begeistert notiert haben soll. Insgesamt 333 Stufen sind bis oben zu erklimmen: Der Ausblick von der Plattform auf die Altstadt ist sagenhaft. Eng schmiegen sich die Häuser in den Gassen aneinander, bunt leuchten die Stände des Bauernmarkts auf dem Münsterplatz,

ÜBERNACHTUNG

>> Colombi

Freiburgs 5-Sterne-Renommierhotel bietet einfach alles, und die besonders luxuriöse Colombi-Suite eröffnet einen berauschenden Ausblick auf die Altstadt. Wellness pur verspricht die großzügige Badelandschaft.
www.colombi.de

rostrot erstrahlt das spätgotische Historische Kaufhaus mit Arkadengang und wappengeschmückten Erkern.

GREEN CITY

Doch bei aller Tradition interessiert vor allem auch die ökologische Vorreiterrolle der Schwarzwaldmetropole. Seit zwei Jahrzehnten geben die Grünen im Stadtrat die Richtung vor. Moderne, nachhaltige und zukunftsweisende Architektur, alternative Mehrgenerationenprojekte und erneuerbare Energien. Auch Hotels und Restaurants ziehen mit. Neben dem ersten Plusenergiehaus Heliotrop liegt die in Passivbauweise errichtete Solarsiedlung. Das Sonnenschiff gilt als Beispiel für die Mehrfachnutzung.

REISEZEIT

Zu Hochform läuft die Freiburger Multikulti-Szene auf, wenn mehr als 150 000 Menschen zum sommerlichen Zelt-Musik-Festival im Juli/August strömen.

33 BASEL

Badesachen einpacken und los geht's. Stopp, den Wickelfisch nicht vergessen! Was das ist? Eine bei Sommertemperaturen in Basel weitverbreitete, farbenprächtige Spezies, die in Symbiose mit Schwimmern rheinabwärts treibt. Nur wer sich einmal in den Rhein gewagt hat, wird die Seele der Stadt verstehen, heißt es. Auf geht's zum etwas anderen City-Trip!

»HEIMLICHES« WAHRZEICHEN DER STADT IST DER RHEIN.

Jung oder alt, alle stürzen sich im Sommer in die Fluten und lassen sich den Fluss hinuntertreiben. Allerdings sollte man gut schwimmen können. Dann kann das Abenteuer beginnen. Ab in den **Rhein!**

WER HAT'S ERFUNDEN?

Die Baseler haben den **Wickelfisch** erfunden, damit Klamotten und Handtuch beim Baden, Schwimmen und Plantschen im Rhein trocken bleiben. Schwimmflügel, -ringe, Luftmatratzen oder Schlauchboote sind im Rhein verboten. Der Wickelfisch ist keine Schwimmhilfe, sondern dient dazu, Hab und Gut zu transportieren, weil es nur mit der Strömung flussabwärts geht.

TREIBEN LASSEN

Schwimmer und Schifffahrt teilen sich den Rhein. Bojen und Markierungen sind zu beachten. Die Schwimmzone befindet sich in Ufernähe auf der **Kleinbasler Seite** zwischen **Schwarzwald-** und **Dreirosenbrücke.** Von der Einstiegsstelle unterhalb des **Tinguely-Museums** (unbedingt besuchen!) bis zum letzten Ausstieg sind es fast drei Kilometer. An der Dreirosenbrücke befinden sich nicht nur öffentliche Duschen, sondern auch die **Buvette Dreirosen.** Hier gibt es etwas gegen den kleinen Hunger und großen Durst, auch zum Mitnehmen.

BADEHÄUSER UND BUVETTEN

Weniger Wagemutige müssen auf das Schwimmen im Rhein übrigens nicht verzichten. Eine wunderbare Alternative sind die Rheinbäder, Schwyzerdütsch kurz: **Badis,** ausgestattet mit Umkleidekabinen, Schließfächern, sanitären Anlagen und Gastronomie. Die Jugendstilbadehäuser **Breite** und **St. Johann** liegen auf der **Großbasler Seite.** Wie der Rhein gehören auch die **Buvetten** zum Sommer in Basel. Sie sind die beste Art von Kiosken, die man sich wünschen kann. Sie öffnen bei schönem Wetter, stellen Stühle und Tische auf, verkaufen Drinks und Snacks. Da sitzt man im Schatten der Bäume am **Uferweg** oder auf einer der Stufen direkt am Wasser und genießt die Sonne, bis sie untergeht und bunte Lichter leuchten. Basel, kosmopolitische Urbanität, gepaart mit Gemütlichkeit!

ÜBERNACHTUNG

›› Art House

Ein Hotelerlebnis der besonderen Art! Ob man hier je wieder raus will?
www.arthousebasel.ch/de

REISEZEIT

Für diesen City-Trip im Rhein eignen sich am besten die Monate Juli und August. Wer die überaus sehenswerte Stadt Basel mit ihren tollen Museen als Landratte besuchen will, kommt am besten zwischen Mai und September.

34 ZÜRICH

Im weltweiten Ranking der Metropolen zur Lebensqualität erhielt Zürich mehrmals in Folge den Spitzenplatz. Eine Art Museum des besseren Lebens findet man zwischen Grossmünster, Rathaus und Fraumünster links und rechts der Limmat – ein Gewusel aus Gassen, kleinen Plätzen, unzähligen Restaurants, Apéro- und Sektbars sowie noblen Geschäften.

GRÜNER AUSSICHTSPUNKT ÜBER ZÜRICH IST DER LINDENHOF.

Auf den ersten Blick wirkt Zürich einfach nur schön und sauber, bei Sonnenschein gar zauberhaft. Mit der Bahn auf den 400 Meter über dem Zürichsee gelegenen Uetliberg zu fahren mag den Eindruck bestätigen. Und doch treffen in der größten Schweizer Stadt Postkartenidyll und Realität aufs Kurioseste zusammen. Jenseits der Sihl zeigt die Business-Stadt einen anderen Charakter: weniger idyllisch, doch ungezähmt-interessant. In Aussersihl, wo einst die Zürcher Sozialdemokratie entstand, ließen sich im 19. Jahrhundert zahlreiche Gastarbeiter nieder. Wer gute italienische oder spanische Lokale sucht, wird sie hier finden. Nur wenig weiter geben sich in der Trendmeile Zürich-West Kunst, Kultur und Clubbing die Hand. Unter den Bögen des 1894 erbauten Viadukts für Eisenbahnen ist ein Shopping-Paradies entstanden.

MUST-SEE

Einen tollen Blick zum Limmatquai am Rathaus und dem Grossmünster dahinter hat man von der aussichtsreichen Terrasse des Lindenhofs. Dass das Grossmünster, Wahrzeichen der Stadt, außen wie innen so karg an Figuren und Kirchenkunst ist, liegt an Huldrych Zwingli (1484–1531). Seit 1519 Priester des Münsters, löste er hier die Reformation der Deutschschweiz aus. Großartig sind die von Sigmar Polke gestalteten Achat-und Farbglasscheiben, vor denen man Stunden verbringen kann. Das gleiche gilt für das Kunsthaus Zürich.

QUER DURCH DIE STADT

Die Kontraste zwischen Alt und Neu, zwischen Zürichs Stadtzentrum und den Außenbezirken lassen sich auf einer Fahrt mit Tram oder Bus erleben. Empfehlenswert sind die Tramlinien 2 und 4, die vom Seefeld nach Zürich Altstetten bzw. Schlieren fahren, sowie die Buslinie 31, die vom Hegibachplatz nach Schlieren führt. Die Tramlinie 2 ist die längste in Zürich und bietet in 40 Minuten einen umfassenden Überblick über die Stadt.

DURCH SEE UND FLUSS

Zürich bietet sechs Strandbäder am Zürichsee und fünf Flussbäder an der Limmat: die »Badis«. Und mit dem Sonnenuntergang muss der Spaß nicht aufhören: Seebad Enge mutiert abends zur coolen Bar, Flussbad Unterer Letten wird im Juli zum Freiluftkino.

ÜBERNACHTUNG

>> **Hotel Greulich**

Im stylischen 4-Sterne-Haus gibt es im Hof eine idyllische Birkenwald-Oase. Tolle Lage mitten im quirligen Viertel Aussersihl. *www.greulich.ch*

REISEZEIT

Am schönsten ist Zürich im Sommer zur »Badi-Zeit«. Spektakulär ist die größte Techno-Parade der Welt im August.

ANZEIGE

BADEN

DEINE KULTUR- UND BÄDERSTADT

Willkommen in Baden, dem pulsierenden Herzen des Kantons Aargau! Diese dynamische Stadt vereint Kultur, Geschichte und modernen Lebensstil auf faszinierende Weise. Nur einen Katzensprung von Zürich entfernt, bietet Baden eine ideale Mischung aus Urbanität und idyllischer Naturschönheit. Alle Sehenswürdigkeiten sind bequem innerhalb von zehn Minuten vom Bahnhof aus zu erreichen, was Baden zum perfekten Ziel für spontane Städtetrips macht.

KULTURSTADT BADEN: EIN DYNAMISCHER GEIST

Der »Badener Geist« ist mehr als nur ein Schlagwort – er ist eine Lebenseinstellung. Spüre die lebendige Energie bei den pulsierenden Festivals, in den traditionsreichen Theatern und innovativen Kunstgalerien der Stadt. Jede Ecke Badens begeistert mit Kreativität und Lebensfreude, ideal für alle Kulturbegeisterten. Von Open-Air Konzerten bis zu Theateraufführungen unter freiem Himmel – Baden lebt draußen. Die Stadt verwandelt ihre Parks und Plätze regelmäßig in Bühnen für kulturelle Highlights. Besondere kulturelle Höhepunkte in der Stadt sind zudem:

- **One Of A Million** (Februar): Musikfestival mit einer Vielfalt an Genres.
- **Bluesfestival** (Mai): Ein Fest für alle Bluesliebhaber mitten in der Stadt.
- **Figura Theaterfestival** (Juni): Eine international beachtete Bühne für innovative Theaterkunst.
- **Fantoche** (erste Septemberwoche): Eines der weltweit wichtigsten Festivals für Animationsfilme und Treffpunkt der Film- und Kreativbranche.

DER »BADENER GEIST« IST AUSDRUCK EINER EINZIGARTIGEN KREATIVITÄT, DIE ÜBERALL IN DER STADT ZU SPÜREN IST.

KOPF AUS, SINNE AN: IN DER WELLNESS-THERME FORTYSEVEN TREIBT MAN DEM ALLTAG DAVON.

Die Museums- und Galerienwelt der Stadt ist eine Schatzkiste: Begib dich in das Schweizer Kindermuseum für eine Zeitreise, in das Historische Museum für interaktive Ausstellungen und fesselnde Geschichten oder in den Kunstraum Baden, wo zeitgenössische Kunst und traditionelle Medien verschmelzen.

In Baden herrscht darüber hinaus Theatermagie! Von der prachtvollen Bühne des Kurtheaters, dem größten Theater im Kanton Aargau mit seinen hochkarätigen Gastspielen bis hin zu den intimeren Rahmen des ThiK oder Teatro Palino – hier wird jede Aufführung zu einem unvergesslichen Erlebnis.

DIE BÄDERSTADT: OASE DER ERHOLUNG

Baden blickt auf eine über 2000-jährige Bädergeschichte zurück, die bis zu den Römern reicht. Die Stadt bietet jede Menge Möglichkeiten, das sprudelnde Thermalwasser zu genießen:

>> **Wellness-Therme FORTYSEVEN:** Das neue moderne Wahrzeichen der Stadt, entworfen von Stararchitekt Mario Botta, ist der perfekte Ort, um sich vollkommen zu entspannen und das mineralreichste Thermalwasser der Schweiz zu genießen.

>> **Novum und Private Spa des Limmathofs:** Erlebe exklusive Wellness-Angebote und private Spa-Bereiche für ultimative Entspannung.

>> **Heisse Brunnen:** Diese natürlichen Thermalquellen bieten ein einzigartiges Badeerlebnis im Freien und sind Orte, an denen sich alle wohlfühlen sollen. Rund 150 Jahre nach dem letzten mittelalterlichen Freibad kehrte das Thermalwasser mit den beiden Heissen Brunnen in Baden und Ennetbaden zurück.

Tauche ein in die belebende Dynamik und Feinheit, die Baden so einzigartig machen, und erlebe einen unvergesslichen Städtetrip. *deinbaden.ch*

Zur »Welthauptstadt der Fantasie« wurde Prag von Dichtern, Musikern, Filmstars und Künstlern erklärt. Und tatsächlich ist die Stadt ein Sehnsuchtsort, der die Sinne verzaubert. Über keine andere Stadt der Welt wurden so viele Bücher geschrieben; Legenden und Mythen, die in Prag ihren Ursprung haben, sind so zahlreich wie die Ehrennamen der Stadt. »Mutter aller Städte« hat sie sich einst selbst genannt.

Nicht nur geografisch liegt Prag im Zentrum Europas, hier bündeln sich europäische Traditionen aller Himmelsrichtungen. Deutsche, tschechische und jüdische Geschichte (und Geschichten) sind hier untrennbar miteinander verwoben. Die Weltkriege hat die Altstadt mit ihren kopfsteingepflasterten Gassen fast unversehrt überstanden; sie zeigt noch immer den Grundriss der mittelalterlichen Stadt beidseits der Moldau. Seit sechs Jahrhunderten spannt sich das steinerne Wunderwerk der Karlsbrücke über den Fluss; die Allee der Steinheiligen verbindet den Hradschin, den Prager Burgberg, mit dem altstädtischen Zentrum. Auch wenn hier touristischer Trubel die historische Aura gelegentlich in den Hintergrund treten lässt, gibt es zuhauf versteckte Ecken, Innenhöfe und Winkel, wo die Zeit stehen geblieben zu sein scheint und die Fantasie regiert.

HISTORISCHER STADTRUNDGANG

Der **Altstädter Ring** ist Prags zentraler Platz und besticht mit Bauten aus dem 14. bis 18. Jahrhundert: Gotisch sind die **Teynkirche** (Türme um 1500) und das **Haus zur steinernen Glocke** (14. Jahrhundert), in dem Karl IV. vor Vollendung der Burg wohnte. Im prächtigen **Palais Kinský** (1765, Rokoko) wurde 1846 die Friedensnobelpreisträgerin Bertha von Suttner geboren; später wurde es ein Gymnasium, auf das Schriftsteller wie Franz Kafka, Franz Werfel und Karl Kraus gingen. Das Altstädter Rathaus (14. Jahrhundert, Gotik) hat einen 70 Meter hohen Turm mit astronomischer Uhr. Links davon gefallen die Sgraffiti am Renaissancehaus **U Minuty** (Haus zur Minute), in dem Kafka seine Kindheit verbrachte. In **St. Nikolaus** (1735, Barock) wurde 1920 die Hussitische Kirche gegründet; Reformator **Jan Hus** (1370–1415) ehrt das Denkmal (1915) in der Platzmitte.

Im 13. Jahrhundert entstanden, trägt das jüdische Viertel seit 1850 den heutigen Namen **Josefstadt.** Er würdigt Joseph II., dessen Toleranzpatent (1781) Minderheiten Freizügigkeit gewährte. In der

REISEZEIT

Zum Prager Frühling (Pražské jaro) im Mai ist alles von Kopf bis Fuß auf Musik eingestellt – das Programm setzt sich zusammen aus Klassik wie Moderne. Einen besonderen Zauber strahlt die Stadt im November aus.

Nazizeit wurde die Josefstadt (anders als Lidice, 1942) nicht zerstört. Auch das **Jüdische Museum** von 1906 blieb erhalten, wurde von der SS aber zynisch umgedeutet. Viel besucht ist der verwitterte **Alte Jüdische Friedhof** (ein Hektar, bis 1787 belegt). Unter den 12000 Grabstellen ist auch die von Rabbi Löw (1520–1609), auf den die mystische Figur des Golem zurückgeht. Unweit liegen die **Maisel-Synagoge** (1592) und die gotische **Altneu-Synagoge** (13. Jahrhundert), die älteste Europas. Ebenso das **Jüdische Rathaus** (1765) mit rückwärts laufender Uhr.

Elegant, stabil und schon eine Ewigkeit (Baubeginn: 1357) verbindet die **Karlsbrücke** die Altstadt mit **Kleinseite** und Burgviertel. 516 Meter lang, zehn Meter breit und mit 16 Bögen ist sie tragender, ja zentraler Bestandteil des Weltkulturerbes Prag. Nur Fußgänger dürfen sie überqueren, was aber von morgens bis abends reichlich geschieht. Die 30 filigranen Barockskulpturen links und rechts nehmen es gelassen hin. Wer jedoch ganz früh aufsteht (oder die Nacht durchmacht), hat mitunter das Privileg, dieses Prachtstück einer Steinbrücke für sich ganz allein zu haben. Dann lässt sich sogar ohne Smetana der Moldau lauschen.

Majestätisch schwebt die **Prager Burg** (9. bis 18. Jahrhundert) auf dem **Hradschin,** 70 Meter hoch über der Moldau. Glanzzeit der Burg war unter Kaiser Karl IV. (14. Jahrhundert), als auch der Bau des gotischen **Veitsdoms** begann (1344, vollendet 1929). Im Ludwigsflügel warfen am 23. Mai 1618 böhmische Protestanten drei Habsburger Amtsträger aus dem Fenster, was den Dreißigjährigen Krieg auslöste. Habsburgs Sieg in der Schlacht am Weißen Berg (8. November 1621) führte zur Rekatholisierung Böhmens, Flucht (wenn nicht Hinrichtung) vieler Aufständischer und zur Vormacht der deutschen Sprache in Prag (bis ins 19. Jahrhundert). In der an Baustilen, Türmen und Gärten reichen Burg amtiert nun der Präsident der Tschechischen Republik. Reizvoll sind die **Alte Schlossstiege** mit schönem Blick auf Prag, das **Goldene Gässchen,** wo Kafka 1916/17 in Nr. 22 wohnte, und die **Gemäldegalerie der Burg** mit alten Meistern (Rubens, Tizian).

PRAG-ZAUBER IM NOVEMBER

Im Frühling und Sommer wird Prag von Touristen regelrecht überrannt, doch im November gibt es seinen mittelalterlichen Zauber wieder preis. Im Nebel wirkt die Karlsbrücke mit dem dahinter aufsteigenden Burgviertel Hradschin wie eine gotische Fata Morgana. Von der Aussichtsterrasse des Luxusrestaurants **Zlatá Praha** im Hotel InterContinental spielen die 100 Türme der Altstadt alle Schattierungen von Grau durch, bis einige Sonnenstrahlen magische Goldreflexe dazwischen mischen. Durch die Josefstadt mit ihren altehrwürdigen Synagogen scheint wieder der entfesselte Golem von Rabbi Löw zu geistern. Einsam und geheimnisvoll wie seit vielen Hundert Jahren liegt jetzt der Alte Jüdische Friedhof da, dessen Bäume »ihre entlaubten Äste wie in verstörter Klage« zu den Wolken des Himmels emporstrecken, wie es Leo Perutz in seinem Roman »Nachts unter der steinernen Brücke« beschreibt. Auch die **Tankovna,** die Prager Bierlokale, die frisches Pilsner direkt aus großen Tanks zapfen, teilt man nun wieder fast nur noch mit gastfreundlichen Einheimischen.

ÜBERNACHTUNGEN

›› Appia Residence

Historisches Ambiente schnuppert, wer im liebevoll renovierten Altstadtgemäuer nahe der Burg nächtigt. 22 stilvoll-elegante Zimmer sind mit Marmorbad und Eichenparkett ausgestattet, und Frühstück wird im schönen, original erhaltenen Saal aus dem 12. Jahrhundert serviert.
www.appiaresidencesprague.cz

›› Clementin

Hinter hübscher mintgrüner Fassade verbirgt sich das mit 3,28 Metern (!) schmalste Haus in Prag – und ist dank dreier Etagen dennoch ein wahres Platzwunder: 20 Betten in neun erstaunlich großen Zimmern mit charmantem Interieur sowie ein Café stehen für Gäste bereit. Gut gelegen ist es obendrein zwischen Altstädter Ring und Karlsbrücke.
www.clementin.cz

›› Hotel Residence Agnes

Behutsam renoviertes historisches 4-Sterne-Haus mit luftig-hohem, lichtdurchflutetem Foyer und komfortablen Zimmern. Gastfreundschaft wird hier großgeschrieben, das überaus zuvorkommende Personal organisiert kostenlosen Limousinen-Fahrservice. Überzeugend ist auch das umfangreiche Frühstücksbüfett.
www.residenceagnes.cz

DER ZEHN METER HOHE FRANZ-KAFKA-KOPF VON DAVID ČERNÝ IST EINE BEWEGLICHE SKULPTUR.

»Drah di net um, der Kommissar geht um«, sang Falco Anfang der 1980er-Jahre und setzte damit Wien und Österreich zum ersten Mal auf die Weltkarte des Pop. Sein »Kommissar« war sogar in den USA ein Hit. Das rote Wien, wie es hieß, hatte für sozialen Ausgleich und kleinbürgerliche Sicherheit gesorgt, aber von Glamour war das alles weit entfernt gewesen.

Irgendwie veränderte sich in den folgenden Jahren alles. Wien hat sich von einer Metropole mit morbidem Charme zu einer modernen Weltstadt mit Flair gewandelt. Sie ist heute neben London, Paris, Berlin oder Madrid eine der lebhaften Hauptstädte Europas und ein Knotenpunkt wichtiger Verkehrswege zwischen Ost und West, Nord und Süd. Das Zentrum des alten »Mitteleuropa« hat wieder eine wirtschaftliche und politische Bedeutung. Die wichtigsten Universitäten und Ausbildungsstätten Österreichs sind hier situiert, wie das als Schauspielschule weltbekannte Max-Reinhardt-Seminar oder die Akademie für Angewandte Kunst. Walzerseligkeit und Sisi-Verehrung sind nur das Sahnehäubchen auf einer Sachertorte namens Wien. Ständig entdeckt man Neues: Trendige Lokale, coole Shops und Showrooms junger Designer wachsen allerorts aus dem Boden. Und doch lohnt sich noch immer ein Besuch im altehrwürdigen Café Sperl: Die Melange hat Klasse, und die Sperl-Schnitte als »Zubiss« veredelt den kulinarischen Genuss.

WIENER SCHMÄH IM APRIL

Im Prater blühen wieder die Bäume, der Flieder duftet, und das 67 Meter hohe Riesenrad von 1896 dreht sich. Es wird Zeit für den ersten Heurigen im Garten der Buschenschänken von Grinzing oder Nußdorf, dazu genießt man Bärlauchaufstrich, frische Radieserl oder vielleicht schon den ersten Spargel vom Marchfeld. Und wenn sich der Winter doch noch mal mit kalten Böen zurückmeldet, dann gibt es nichts Schöneres als einen verbummelten Nachmittag in einem Kaffeehaus, zum Beispiel im Café Goldegg, das immer noch viel nostalgisches Flair verbreitet. Es liegt nur einen Katzensprung vom Belvedere entfernt, dem Sommerschloss Prinz Eugens von Savoyen. Das Obere Belvedere hat den Traumblick auf Wien und beherbergt die Meisterwerke von Gustav Klimt, Oskar Kokoschka und Egon Schiele, im Unteren Belvedere finden sich der Marmorsaal, das Goldkabinett, die Orangerie und der Prunkstall mit Kunst des

REISEZEIT

Der Uferbereich entlang des Donaukanals im Stadtzentrum hat sich zu einer hippen Partyzone entwickelt, und im Sommer wird es u. a. auf dem Badeschiff voll. Feiern kann man auch während des dreitägigen Donauinselfests Ende Juni, Europas größtem Open-Air-Event.

Mittelalters. Dazwischen liegt ein terrassenförmig angelegter Park mit Brunnen, Statuen und Blumenrabatten. Auch der spätbarocke, im französischen Stil gestaltete Park von Schloss Schönbrunn lädt zu Spaziergängen ein. Das Schloss selbst, dem Kaiserin Maria Theresia ihren Stempel aufgedrückt hat, lohnt natürlich ebenso einen Besuch.

KUNST AN DER RINGSTRASSE

Dass Wien nicht an der Donau, sondern an der Ringstraße liegt, ist ein altes Bonmot. Mit der Bim um den Ring, also mit den Tramlinien 1 und 2 (am Schwedenplatz oder am Parlament einmal umsteigen), kostet die Sightseeing-Fahrt nur wenige Euro, und Wiens größte Attraktionen warten nur kurze Fußwege von den Haltestellen entfernt. Mittendrin in der Altstadt steht natürlich der Stephansdom. Ein Aufzug führt auf den unvollendet gebliebenen Nordturm des gotischen »Steffls«. Die Tram rattert vorbei am Burgtheater und am Parlament, und spätestens am Heldenplatz wird man aussteigen, um in der Hofburg die Kaiserappartements, das Sisi-Museum, die kaiserliche Schatzkammer mit den mittelalterlichen Insignien des Heiligen Römischen Reiches und erlesene Kunst aus über zwei Jahrtausenden – von Funden aus dem antiken Ephesus bis zum Érard-Flügel Beethovens – zu bewundern. Nicht weit entfernt beherbergt die Albertina im Palais Erzherzog Albrecht

ZIEL VIELER SPAZIERGÄNGER DURCH DEN SCHLOSSPARK SCHÖNBRUNN IST DIE GLORIETTE.

EINE FESTE INSTITUTION AUF DEM WIENER NASCHMARKT IST DER GOURMET-IMBISS URBANEK.

eine der erlesensten Grafiksammlungen der Welt, darunter den berühmten »Feldhasen« von Albrecht Dürer. Wieder nur wenige Schritte weiter präsentiert das Kunsthistorische Museum wirklich alle großen Meister Europas, eine wertvolle Antikensammlung und eine ägyptisch-orientalische Sammlung. Der kultige Würstelstand Bitzinger am Albertinaplatz versorgt Millionäre und Arbeitslose gleichermaßen mit Käsekrainern und Bosna. Gourmets decken sich etwas weiter südlich auf dem Naschmarkt ein, bewundern die berühmten Jugendstilbauten Otto Wagners in der angrenzenden Linken Wienzeile und fahren dann im Panoramalift hinauf in die Kuppel der barocken Karlskirche, um aus 60 Meter Höhe erneut eine wundervolle Aussicht über die Dächer Wiens zu genießen.

ÜBERNACHTUNGEN

>> **Altstadt Vienna**

Im 1902 erbauten Stadtpalais haben renommierte Designer und Architekten gewerkelt und 45 Zimmer und Suiten individuell gestaltet. Nun beherbergt das Boutiquehotel nicht nur Künstler und Kreative, sondern mit Warhol, Hundertwasser & Co. auch die ansehnliche Kunstsammlung des Besitzers.
www.altstadt.at

>> **Hotel Josefshof am Rathaus**

In ruhiger Nebenstraße des beliebten Wohn- und Ausgehviertels Josefsstadt gelegen, bietet dieses gepflegte Hotel individuelle Altbauzimmer, dezent modern möbliert. Hübscher Garten im Innenhof, Frühstück bis 12 Uhr (!).
www.josefshof.com

37 GRAZ

Meist steht Graz tief im touristischen Schatten Wiens. In Wahrheit aber sind Lage und Klima hier wunderschön: An beiden Ufern der Mur, und mittlerweile durch die künstlich angelegte Murinsel auch auf imposante Weise mittendrin, liegt die zweitgrößte Stadt Österreichs in einem von Bergen umgebenen Tal: Das sorgt für eine fantastische Kulisse und herrliche Landschaftspanoramen.

DIE MURINSEL IST NEUERDINGS AUCH EIN SHOWROOM DER GRAZER KREATIVSZENE.

In der charmanten **Altstadt,** deren bestens erhaltene Renaissancebauten in die Liste des UNESCO-Weltkulturerbes aufgenommen wurden, laden die Straßen und Gassen zum ausgiebigen Flanieren ein. Die hervorragende Museumslandschaft entführt einen wahlweise in das Reich der Kunst, des mittelalterlichen Kriegshandwerks oder in die Stadtgeschichte. Und die Kirchen und Schlösser – allen voran **Schloss Eggenberg** – sind jedes für sich eine besondere Augenweide. Als Universitätsstadt ist Graz schließlich auch ein Ort ruhmreicher Forschungsgeschichte. Für die Gegenwart wichtiger ist aber vielleicht die belebende Kraft und junge Dynamik des Studentenlebens, das Graz bei Tag wie bei Nacht beschwingt und durchaus ansteckend macht.

MUST-SEE

Das Wort klingt zunächst ganz unschuldig, aber hinter dem **Universalmuseum Joanneum** steckt ein kolossales Projekt. Das älteste und das zweitgrößte Museum Österreichs umfasst 22 unterschiedliche Sammlungen und präsentiert diese in insgesamt 19 Ausstellungen in 13 historischen Gebäuden. In Graz selbst ist neben dem Schloss Eggenberg vor allem das **Landeszeughaus** mit seiner weltweit größten mittelalterlichen Waffenkammer ein absolutes Muss. Im **Joanneumsviertel** treffen Gegenwartskunst und Naturkunde aufeinander und werden fantastisch durch das interaktive **Center of Science Activities** ergänzt.

ÜBERNACHTUNG

>> **Lendhotel**

Im hippen Lendviertel gelegen, zeitgenössisches, künstlerisch inspiriertes Design, tolle Dachterrasse.
lendhotel.at

Während das ebenfalls sehenswerte **Kunsthaus Graz** Teil des Joanneums ist, ist das **Künstlerhaus Graz** stolz auf seine Unabhängigkeit. Es hat sich gänzlich der Gegenwart und ihrer Kunst verschrieben. Der insgesamt der Spätgotik zuzuschreibende **Grazer Dom** wiederum beeindruckt durch eine erhaben in die Höhe reichende Haupthalle samt Seitenschiffen. In direkter Nachbarschaft zum Dom findet man das aufwendig gestaltete **Mausoleum Ferdinands II.**

Eine fantastische Aussicht auf Graz hat man vom **Schlossberg** aus, auf den man mit der Schlossbergbahn ab dem Kaiser Franz Joseph Kai kommt. Oben ist der **Grazer Uhrturm** ein Highlight.

REISEZEIT

Der steirische herbst (Sept./Okt.) in Graz und der Steiermark ist ein hochkarätiges, rund dreiwöchiges Festival für zeitgenössische Kunst und Kultur: ein »Parcours« mit über der Stadt verteilten Ausstellungen, Installationen und Performances.

SÜDEUROPA

Wer bei Spanien, Italien und Portugal nur an entspannten Sommerurlaub am Strand denkt, dem entgeht eine unfassbar reiche Kulturlandschaft, die mal hip und ultramodern wie in Valencia, mal aristokratisch-mysteriös wie in der Lagunenstadt Venedig auftritt. Mal steckt sie voller antiker Zeugnisse wie in Rom, mal verdankt sie ihr Panorama der Süßweinproduktion wie in Porto oder maurischen Einflüssen wie in Sevilla. Jede Stadt verspricht auf ihre Weise einen unvergesslichen Aufenthalt. So auch das archaisch reizvoll flimmernde Palermo, ein Schmelztiegel verschiedener Zivilisationen und Kulturen.

Noch immer zehrt Lissabon ein wenig vom Mythos seiner Melancholie, wie sie sich im Fado, der portugiesischen Sehnsuchtsmelodie, ausdrückt. Lange lebte die Stadt im Schatten einer viel zu großen Vergangenheit, ihrer großen Seefahrerzeit, deren Ornamentik sich noch heute an den prächtigen Portalen und im unvergleichlichen doppelstöckigen Kreuzgang des Hieronymusklosters in Belém spiegelt.

Von Melancholie ist allerdings im Sommer in der portugiesischen Hauptstadt nichts mehr zu spüren. Außerdem gibt es so viel zu sehen, nicht nur das 500 Jahre alte Weltkulturerbe in Belém, die berühmte Torre de Belém und das Mosteiro dos Jerónimus, beide im manuelinischen Stil erbaut. Auch die Königsgräber und die Grabstätte des Seefahrers Vasca da Gama ziehen Besucher an. Das Museu Nacional de Arte Antiga zeigt eine der bedeutendsten Kunstsammlungen Portugals, im Museu Calouste Gulbenkian hat der schwerreiche armenische Ölmagnat und Kunstsammler Schätze aus der ganzen Welt zusammengetragen. Der Blick von der Altstadt Alfama über die Stadt und den Tejo gilt ebenso als Highlight wie die Fahrt im altertümlichen Aufzug Elevador Santa Justa zwischen der Baixa und der Oberstadt Chiado. Von der Plattform (45 Meter) sieht man, als völligen Kontrast, den Convento do Carmo, dessen gotische Kirchenruine Lissabons imposantestes Relikt des Erdbebens ist.

LISSABON PUR

Wer im Winter die Stadt besucht, kann ohne Touristenmassen noch etwas von der Atmosphäre spüren, von der Amália Rodrigues, die Königin des Fado, in ihren Liedern sang, und ungestört in der Alfama und im Bairro Alto auf historische Spurensuche gehen. Vielleicht entdeckt man eine dunkle »tasca«, ein einfaches Lokal, in der sich Einheimische treffen, um ihrem musikalischen Weltschmerz zu huldigen. Im Bairro Alto erlebt man Lissabon pur, nirgendwo in der Stadt ist abends mehr los als hier.

Jetzt kann man auch ohne Warteschlangen und Gedränge die Fahrt mit der berühmten Tram 28 durch die Altstadt zum Campo Ourique genießen. Haarscharf quietscht sie an Häuserwänden entlang und der Kompressor rappelt.

REISEZEIT

Eher ungewöhnlich, aber umso stimmungsvoller ist es, die Metropole am Tejo im Winter zu besuchen. Mit ein wenig Glück ist es sonnig klar, mit strahlendem Licht, das die Farben der Hausfassaden leuchten lässt. Die »Noite de Ano Novo« wird auf der Praça do Comércio mit einer Riesenparty gefeiert. Überall in der Stadt hängen die Menschen Töpfe und Pfannen aus dem Fenster und schlagen darauf, um das neue Jahr einzuläuten.

PORTUGALS »WELTGOURMETERBE« SIND DIE PASTÉIS DE NATA GENANNTEN PUDDINGTÖRTCHEN.

Die Gerüchte, dass es in Lissabon im Winter ständig regnet, werden von den Einheimischen selbst geschürt, die ihre Stadt wenigstens ein paar Monate für sich behalten wollen. Dabei herrscht im Februar oft schon bestes sonniges Vorfrühlingswetter, und 20 Grad sind keine Seltenheit. Darüber beschweren sich dann nur die Surfer aus aller Welt, die bei stürmischem Wetter im nahen Nazaré bis zu 30 Meter hohe Wellen reiten.

In den »miradouros«, den Aussichtspavillons auf dem Weg hinauf in die Altstadt, knutschen bereits die Liebespaare, umrankt von frischen Blumen. Auf der eleganten, von Arkaden gesäumten Praça do Comércio und dem geliebten Praça do Rossio flaniert junges Volk bei strahlender Sonne. Seriöse Herren genießen ihre »bica« (die portugiesische Variante des Espresso) ungestört von klickenden Kameras im illustren Art-déco-Café A Brasileira, wo sich einst die berühmtesten Kaffeehausliteraten der Stadt trafen.

LISSABON BEI NACHT

Unten am Fluss, in den ehemaligen Hafenkaschemmen, tobt das Leben. Der Club Lust in Rio liegt direkt am Ufer des Tejo. Bei gutem Wetter wird draußen unter Palmen getanzt, und an Tagen, an denen ruhigere Musik wie Funk oder R'n'B gespielt wird, kommt echtes Strandgefühl auf. Im Lux Frágil, einem zweistöckigen ehemalige Lagerhaus am Tejo, ist ein labyrinthisches multifunktionales Nightlife-Zentrum mit sehr unterschiedlichen Szenen entstanden, von Hipster bis schräg-alternativ.

KACHELN UND STREET-ART

Auf Lissabons Straßen sind häufig blaue Keramikfliesen, die Azulejos, an den Hausfassaden zu sehen. Wer mehr über diese Kunstform erfahren möchte, sollte das Museu Nacional do Azulejo besuchen. Eine ungeheure Attraktivität hat die Stadt für Graffitikünstler. Leer stehende Häuser, Mauern, Fabrikwände werden mit Graffitis gestaltet. Sie sind zu einem neuen Markenzeichen Lissabons geworden. Bei einer geführten Street-Art-Tour durch die älteren Stadtteile lässt sich darüber hinaus auch ein Stück Stadtgeschichte entdecken.

ÜBERNACHTUNGEN

›› Avenida Palace

Als erstes Luxushotel Lissabons 1892 erbaut, war es der französische Architekt Lucian Donnat, der den 5-Sterne-Palast Ende des 20. Jahrhunderts im romantischen Stil der Belle Époque wiederbelebte. Zentral gelegen, 82 opulente Zimmer und Suiten, wunderschöne Bar, ganz in Holz und rotem Leder.
www.hotelavenidapalace.pt

›› Casa Costa do Castelo

Charmante Pension in einem alten Wohnhaus direkt unterhalb der Burgmauern von São Jorge. Wer sich vom dunklen Stiegenhaus nicht abschrecken lässt, den erwarten im 4. Stock renovierte, gemütlich-geschmackvolle Zimmer. Von drei idyllischen Terrassengärten mit gemütlichen Sitzplätzen aus liegt einem Lissabon zu Füßen. Sehr hilfsbereiter Wirt.
www.c-c-castelo.com

›› Living Lounge Hostel

Portugiesische Künstler haben ein Heim für junge Reisende geschaffen, in dem jeder der freundlichen Räume nach einem anderen farbenfrohen Motto gestaltet ist. Es gibt Doppel- und Mehrbettzimmer, jeweils mit Bad im Flur, sowie Küche und Lounge für alle. Günstig: zentrale Altstadtlage.
www.livingloungehostel.com

EIN HOTSPOT IN LISSABON IST DIE LX FACTORY, EIN KREATIV WIEDERBELEBTER HISTORISCHER INDUSTRIEKOMPLEX. DANEBEN FÜHRT DIE BRÜCKE PONTE 25 DE ABRIL IN DEN VORORT ALMADA.

39 PORTO

FÜHRUNG DURCH EINEN PORTWEINKELLER

AZULEJOS AN DER SEITENFASSADE DER KIRCHE CARMO

Ein grandioses Gesamtkunstwerk und nach wie vor so etwas wie ein Geheimtipp: Porto, die »heimliche Hauptstadt« Portugals. Vom Ufer des Douro, der hier in den Atlantik mündet, zieht sich die Stadt weit hinauf in die Hügel. Alte Trambahnen und gläserne Aufzüge überwinden die Höhenunterschiede. Malerische Bauten, enge Gassen und prachtvolle Plätze bezaubern.

Wer die 225 Stufen des barocken **Torre dos Clérigos** erklimmt, wird mit einem herrlichen Rundblick über die charmante nordportugiesische Stadt belohnt. Mit der Hauptstadt im Süden rivalisiert man seit Jahrhunderten. Während in Lissabon die politische Macht angesiedelt war (und ist), gaben in Porto Kaufleute und Kirchenherren den Ton an. Die prunkvollsten Häuser der Stadt sind daher der **Palácio da Bolsa** (Börsenpalast) und der **Paço Episcopal** (Bischofsresidenz). Noch heute ist der Einfluss alteingesessener Patrizierfamilien groß. Nicht selten hat ihren Wohlstand das »flüssige Gold« der Stadt begründet: Port. Der Süßwein, der in unterschiedlicher Farbe und Süße produziert wird, ist weiterhin eines der wichtigsten Handelsgüter. Von Porto aus geht er in alle Welt. Doch nirgendwo schmeckt er besser als in der Stadt, die ihm den Namen gibt.

PORTWEINTRINKEN MAL ANDERS

Natürlich laden in der »Hauptstadt« des Ports, in Vila **Nova de Gaia,** die berühmten Portwein-Kellereien am anderen Douro-Ufer zu Führungen und Proben ein. Doch eine erste Kostprobe könnte man auch in Porto im grandiosen **Majestic Café** nehmen: Das Kaffeehaus verströmt noch immer die Eleganz des Art Nouveau. Riesige Spiegel mit Holzrahmen, schwebende Putten, Stuckdecken und Kronleuchter im Jugendstil inspirierten die zu dieser Zeit noch völlig unbekannte Schriftstellerin J. K. Rowling zu den ersten Kapiteln von Harry Potter. Die Schriftstellerin arbeitete übrigens als Lektorin für englische Sprache an der Universität Porto und soll auch viel Zeit in der wohl schönsten Buchhandlung der Welt verbracht haben: Der Jugendstilbau der **Livraria Lello** macht schon von außen Eindruck, der sich im Innern mit den wunderschönen, fein ziselierten Holz- und Glasarbeiten der Regale und Decken fortsetzt. Die raumbeherrschende Holztreppe, die auf die Galerie der ersten Etage und zu einer kleinen Bar führt – einer der schönsten Orte, ein

REISEZEIT

Der Tag des hl. João (24. Juni) wird mit Prozessionen, Feuerwerk, Folkloredarbietungen und einer Regatta der »rabelos«, der historischen Portweinboote, begangen. Wer neben im Atlantik baden will, sollte Porto von Juni bis August besuchen. Und allein schon wegen der Weinlese im Douro-Tal zählt der Herbst als ideale Reisezeit.

EINTAUCHEN IN DAS LEBEN DER EINHEIMISCHEN KANN MAN NIRGENDS BESSER ALS IN DER MARKT-HALLE DES MERCADO DO BOLHÃO.

Glas Portwein zu genießen –, scheint direkt der magischen Welt Harry Potters zu entstammen. Dabei ist es ja genau umgekehrt. Eine Portweinverkostung der besonderen Art erlebt zudem, wer in Portos futuristisch anmutender Musikhalle **Casa da Música** eine entsprechende Tour bucht. Die Musikhalle selbst ist optisch wie akustisch ein absolutes Highlight. Der niederländische Architekt Rem Koolhaas konzipierte sie für künstlerische Höhenflüge von Klassik bis Jazz, Elektronik bis Fado.

DIE SCHÖNSTEN AZULEJOS

Zahlreiche Bauwerke Portos sind mit kostbarem blauweißem Fliesenschmuck verziert. Die Kacheln im Kreuzgang der mehr als 900 Jahre alten Kathedrale **Sé do Porto** schildern Liebesszenen aus dem Hohelied Salomos und den »Metamorphosen« von Ovid. Auch die Azulejos des Künstlers Jorge Colaço in der 1905 vollendeten Halle des Bahnhofs **São Bento** könnte man stundenlang studieren. Sie erzählen von der Geschichte des Reisens, schildern aber auch ländliche Szenen, Jahrmärkte, Feste, Prozessionen, Wallfahrten und die Verladung von Portwein auf Schiffe. Eine königliche Hochzeit von 1387 mit dem ursprünglichen Erscheinungsbild der Kathedrale und die Eroberung von Ceuta sind ebenfalls abgebildet. Die Häuser von Portos schönster Straße, der **Rua das Flores,** die vom Bahnhof zum Platz **Largo de São Domingos** im historischen Stadtzentrum führt, zeigen Blumenbemalungen diverser Künstler.

IN DER STADT UND AUF DEM WASSER

Das älteste Stadtviertel Portos, **Bairro da Sé,** entdeckt man am besten zu Fuß: enge Gassen, gesäumt von mittelalterlichen Häusern, die sich zu biegen scheinen; vor den Fenstern flattert aufgehängte Wäsche munter im Wind – noch ist der ursprüngliche Charme der als Welterbe gelisteten Altstadt zu spüren. Über allem wacht, auf Granit gebaut, die Kathedrale Sé und gleicht mit den wuchtigen Türmen eher einer Burg als einer Kirche. Wer hinter der Capela São Vicente den **Turm der Kathedrale** ersteigt, hat einen göttlichen Ausblick auf Stadt und Fluss.

An der Uferpromenade entfaltet sich das historische Viertel **Cais da Ribeira** wie eine waghalsig in die Höhe gebaute, farbige Legoklötzchenstadt. In den Cafés und Restaurants am Douro lässt es sich prima sitzen; besonders abends oder an Festtagen scheint die ganze Stadt vorbeizukommen. Elegant spannt sich am Ribeira-Kai, 60 Meter über dem Douro, die 385 Meter lange Stahlbrücke **Ponte Dom Luís I**, getragen von einem 172 Meter weiten Bogen, dessen Scheitelhöhe großes Panorama bietet. Eine spannende Perspektive unter sechs Brücken hindurch gewährt auch der Douro selbst bei einer **Flussrundfahrt** vom Cais da Ribeira aus – auf der Route der alten Portweintransportboote.

Glänzende Fischleiber und gackerndes Federvieh, Berge aus Kraut und Rüben, Obst und Blumen geben sich im **Mercado do Bolhão,** in der schönen alten, unter Denkmalschutz stehenden Markthalle mit offenem Innenhof zwischen der Rua Sá da Bandeir und der parallel verlaufenden Rua de Santa Catarina, ein farbenfrohes Stelldichein.

ÜBERNACHTUNGEN

>> Pestana Vintage Porto

Exklusiv ist nicht nur die Ausstattung des 5-Sterne-Hauses, sondern auch die Lage im von der UNESCO als Welterbe eingestuften Altstadtensemble in Ribeira, direkt gegenüber dem Rio Douro. Einige der eleganten, stilvollen Zimmer bieten einen traumhaften Blick auf den Fluss, die Bogenbrücke Ponte Dom Luís I und das bunte Treiben auf der Promenade. Feines Frühstück. Mit Restaurant, Bistro und Bar.
www.pestanacollection.com/de/hotel/pestana-porto

>> Pão de Açúcar Hotel

Traditionelles Hotel mit erstaunlicher Wendeltreppe und gemütlichen Zimmern. Eine originelle Sammlung alter Spielgeräte, darunter Autoscooter, schmückt die Flure. Im Sommer frühstückt man auf der Terrasse mit Blick auf das historische Rathaus.
www.paodeacucarhotel.pt

>> The Rex Hotel

Kleines, in die Jahre gekommenes Stadthausjuwel, jedoch mit teils frisch renovierten Zimmern und schönen architektonischen Details. Beeindruckend: die großen, herrschaftlichen Räume mit Stuck und Deckenmalerei. Gute Lage an der Praça da República mit ihren schönen Gärten.
www.therexhotel.pt/en

40 SEVILLA

Die spanischste aller spanischen Städte: wunderschön, sinnlich und romantisch! Unter muslimischer Herrschaft galt Sevilla als Metropole der Musik, und als die Stadt im »Goldenen Zeitalter« das Handelsmonopol mit der Neuen Welt besaß, verkündeten die Sevillaner stolz: »Madrid ist die Hauptstadt Spaniens, aber Sevilla ist die Hauptstadt der Welt.«

DIE HALBKREISFÖRMIGE PLAZA DE ESPAÑA WIRD VON ZWEI HOHEN TÜRMEN FLANKIERT.

Die beiden größten Sehenswürdigkeiten der Stadt stehen an der Plaza del Triunfo. »Lasst uns eine Kathedrale errichten, so groß, dass die Welt uns für verrückt erklären wird«, tönte das Domkapitel 1402, und tatsächlich dauerte es »nur« 100 Jahre, bis die größte gotische Kathedrale der Welt, Sevillas Catedral de Santa María de la Sede, vollendet wurde. Ihr Wahrzeichen, der »Giraldilla« genannte Glockenturm, ist aber eigentlich das Minarett der zerstörten maurischen Moschee. Vom Mirador, dem Ausguck, genießt man einen tollen Blick auf die Altstadt. Gleich nebenan steht der Real Alcázar, ein absolutes Meisterwerk der Mudéjar-Architektur aus der Mitte des 14. Jahrhunderts. Maurische Architekten haben das prunkvolle Liebesnest für den christlichen König Peter den Grausamen errichtet.

STREIFZÜGE DURCH DIE STADT

Sehr malerisch ist das alte Judenviertel Santa Cruz mit seinen labyrinthischen Gassen. Die Häuserfassaden mit ihren schmiedeeisernen, verschwenderisch mit Blumentöpfen geschmückten Balkonen bieten unzählige Fotomotive. Man darf auch in ruhige Höfe hineinschauen, um die sich oft spannende alte Legenden ranken. Ein architektonisches Juwel des 15. Jahrhunderts ist die Casa de Pilatos, eine besonders noble Stadtvilla. Topadresse für Flamenco-Aficionados ist die Casa de la Guitarra. Auf einem Bummel durch den idyllischen Parque de María Luisa bewundert man die Fassade der einstigen Tabakfabrik Real Fábrica de Tabacos, die Schauplatz der Oper »Carmen« von Georges Bizet war. Die Plaza de España werden Liebhaber von »Star Wars« gleich als Palast des Königreichs Naboo identifizieren. Sehr reizvoll ist auch ein Spaziergang entlang des Paseo de Colón, der Promenade am Fluss Guadalquivir, mit dem imposanten maurischen Wachturm Torre del Oro und der riesigen Stierkampfarena. Moderne Kunst zeigt das ehemalige Kloster Monasterio de la Cartuja de Santa María de las Cuevas aus dem 15. Jahrhundert. Erlesene römische Skulpturen und den faszinierenden Schatzfund von El Carambolo aus der Bronzezeit gibt's im Museo Arqueológico zu sehen. Wer sich für spanische Kunst interessiert, kommt im Museo de Bellas Artes auf seine Kosten.

ÜBERNACHTUNG

>> **Hotel Amadeus – La Música de Sevilla**

In direkter Nachbarschaft zur Kathedrale Sevillas liegt dieses Kleinod, u. a. mit einer tollen Dachterrasse.
www.hotelamadeussevilla.com

REISEZEIT

Im Oktober sind die Tage warm und die Nächte mild: Zeit, die andalusische Tapas-Kultur zu entdecken!

1 SPONTANE FLAMENCO-EINLAGE AUF DER PLAZA DE ESPAÑA IN SEVILLA.

2 DOÑA MARÍA DE PADILLA, DIE GELIEBTE VON PETER DEM GRAUSAMEN, BADETE KÖNIGLICH IM REAL ALCÁZAR.

3 NICHT NUR DER GRÖSSE WEGEN ÜBERWÄLTIGEND: DIE PLAZA DE ESPAÑA.

4 BLICK ÜBER DEN GUADALQUIVIR AUF DAS VIERTEL TRIANA, WO IM JULI DIE VELÁ DE SANTA ANA GEFEIERT WIRD.

5 SEHR SCHÖN IST DIE PLAZA DE DOÑA ELVIRA IN SANTA CRUZ MIT IHREM MARMORBRUNNEN UND IHREN ORANGENBÄUMEN.

41 MADRID

TAPAS ESSEN IM EL VIAJERO IM VIERTEL LA LATINA

Es lohnt sich, in diese Stadt voller Kontraste einzutauchen, die einen zum Staunen bringt: das Getöse der Gran Vía, die Eleganz der Einkaufsmeile Calle Serrano. Oder Vormittage unter Akazienbäumen im Parque del Retiro verbringen, Abende mit einem Glas »tinto« auf der Plaza Dos de Mayo in Malasaña, zwischen Hipstern, Familien und Stadtteiloriginalen.

Und da sind die Straßen der Stadtviertel: das touristische Habsburgerviertel **Austrias,** das ehrwürdige Dichterviertel **Huertas,** das hippe **Chueca** und das gediegene **Barrio de Salamanca.** Kunstfreunden offeriert die spanische Hauptstadt mit dem Paseo de Prado ein städtebauliches Meisterwerk aus dem 18. Jahrhundert, einen Kunstboulevard von Weltrang auf gerade mal einem Kilometer Länge: das Museo del Prado, das Museo Thyssen-Bornemisza und das Reina Sofía. Eine kleine, feine Kunstsammlung bietet das Círculo de Bellas Artes – und vom Dach aus einen fantastischen Blick über die Stadt.

BEI VELÁZQUEZ UND PICASSO

Zu den großartigsten Kunstmuseen der Welt gehört das **Museo Nacional del Prado,** kurz Prado genannt. 1819 eröffnet und seit 2007 modern erweitert, gibt es hier eine enorme Fülle an Malerei vom Mittelalter bis ins 19. Jahrhundert zu sehen. Die vielen Tausend Bilder an einem Tag sehen zu wollen wäre unmöglich. Ausgeklügelte Routen führen zu den allerwichtigsten Meisterwerken: dem alptraumhaft-bizarren »Garten der Lüste« von Hieronymus Bosch, einem Selbstbildnis von Albrecht Dürer und den »Las Meninas« von Diego Velázquez zu El Grecos »Die Anbetung der Hirten« und Goyas »Die nackte Maja«, die ihn den Job als Hofmaler kostete. Während der Siestazeit sind die Schlangen am kürzesten. Besonders Impressionisten und Expressionisten vom Feinsten hat die Sammlung des **Museo Thyssen-Bornemisza** zu bieten, darunter Gauguin, Monet, Kandinsky, Nolde und Feininger. Sakrale Kunst des Mittelalters und hochkarätige alte Meister sind im **Villahermosa-Palast** zu bewundern. Ein Besuch des **Centro de Arte Reina Sofía,** Madrids bestem Museum für die Kunst des 20. und 21. Jahrhunderts, lohnt allein schon wegen Pablo Picassos monumentalem Kriegsgemälde »Guernica« (ca. 3,50 × 7,80 Meter), das den Angriff der deutschen Legion Condor auf die bas-

REISEZEIT

April ist eine ideale Zeit für einen Besuch in Madrid. Im Retiro-Park ist noch alles grün, und an den meisten Tagen scheint die Sonne. Zwar sind die Nächte kühl, aber bereits so angenehm, dass man beim »Tapeo«, dem Streifzug durch die Tapaslokale rund um die Plaza Santa Ana, keine kalten Füße mehr bekommt.

Südeuropa

MONUMENT FÜR ALFONS XII. IM RETIRO-PARK.

kische Stadt Gernika 1937 thematisiert. Hinter massivem Panzerglas nimmt es eine ganze Wand ein. In Paris gemalt, erlaubte Picasso erst nach dem Tod des Diktators Franco und der Etablierung der Demokratie, das Bild in Spanien zu zeigen (seit 1981). Aber auch die Bilder von Joan Miró, Juan Gris, Salvador Dalí und Antoni Tapiès sind sehr sehenswert. Der **Círculo de Bellas Artes,** der Zirkel der Schönen Künste, war einst ein elitärer Kreis. Seit 1983 ist das prächtige Artdéco-Gebäude (1923) offen für alle. Im Kulturangebot sind Vorträge, Konzerte, Wechselausstellungen mit Klassikern und Newcomern der Kunstszene sowie ein Programmkino. Im Parterre findet man ein feines Café, auf der Dachterrasse einen satten Blick über Madrid.

STADTOASE UND HERZSTÜCK DES HABSBURGER MADRIDS

Der 125 Hektar große Schlossgarten **Parque del Retiro** wurde im 19. Jahrhundert zum Park für alle freigegeben. Er ist eine Oase der Ruhe mitten in Madrid: schattige Alleen, mehr als 15 000 Bäume, eine mexikanische Zypresse von 1633, verspielte Brunnenskulpturen und ein von Alfonso XII. hoch zu Ross überblickter See. Das feine Flair des **Palacio de Velázquez** und des **Palacio de Cristal** (19. Jahrhundert) nutzt das Museo Reina Sofía für Ausstellungen. Marktplatz, Richtplatz, Stierkampfarena: Seit dem 15. Jahrhundert hatte die **Plaza Mayor** schon viele Funktionen inne. Nach Bränden stets erneuert, sieht sie seit 1854 so klassizistisch aus wie heute, samt Arkaden und 237 Balkonen. Blickfang mit ihren Fresken ist die einstige Bäckerei **Casa de la Panadería** aus dem 17. Jahrhundert an der Nordseite des Platzes (129 × 94 Meter), der das Herzstück des ältesten Teils von Madrid ist.

FLAMENCO VOM FEINSTEN

Zahlreiche Flamencobühnen, »tablaos« genannt, buhlen in Spaniens Hauptstadt um Besucher. Spektakulär sind die Shows im **Corral de la Morería,** im neuen **Tablao de la Villa** oder auch im **Tablao Flamenco 1911,** der ältesten Flamencobühne der Welt, die sich selbstbewusst als »Kathedrale des Flamenco« bezeichnet.

ÜBERNACHTUNGEN

›› DormirDCine

Film ab: Im DormirDCine geht man mit Greta Garbo oder Charly Chaplin zu Bett, steht mit Hulk oder dem Blade Runner auf und tafelt unter den Augen von King Kong – jeder Hotelraum ist einem anderen cineastischen Motiv gewidmet, und ein Happy End findet der Tag in der Kinobar des Hotels. Im gediegenen Shopping-Viertel Salamanca.
www.dormirdcine.com

›› Script

Zimmer und Studios, pfiffig eingerichtet, in guter, zentraler Lage bietet Numastays in trendigen Städten. So auch in Madrid, nahe der Museumsmeile und dem Retiro-Park. Ohne Rezeption checkt man digital ein. Frühstück können sich die Gäste in der Gemeinschaftsküche zubereiten.
www.numastays.com/de/locations/spain/madrid/cortes/script

›› Santo Mauro

Der 1895 für den Herzog von Santo Mauro erbaute französisch-klassizistische Palast im Stadtteil Salamanca beherbergt heute, umgeben von einem prächtigen Garten, ein Luxushotel. Erhaben tafeln lässt es sich in der ehemaligen Bibliothek und vorzüglich nächtigen in den sehr nobel ausgestatteten Zimmern.
hotelsantomauromadrid.com-hotel.com

SUNDOWNER AUF DER DACHTERRASSE DES CIRCULO DE BELLAS ARTES.

42 VALENCIA

Wenn eine Stadt direkt am Meer liegt, Stadttrip und Badeurlaub also Hand in Hand gehen, besteht die Gefahr, dass der Strand zu großen Raum einnimmt. Das weiß Valencia jedoch wirksam zu verhindern und lockt mit einem ganzen Strauß unnachahmlicher Attraktionen aus seiner ereignisreichen Historie. Überregional bekannt ist auch das Nachtleben Valencias.

EINGANG ZUR »STADT DER KÜNSTE UND WISSENSCHAFTEN«: L'UMBRACLE IST EINE SPEKTAKULÄRE PROMENADE MIT EINER KUNSTGALERIE, EINEM MEDITERRANEN GARTEN UND GRANDIOSER AUSSICHT.

Beim Aufbruch in die Zukunft hätte sich Valencia beinahe übernommen. Die Stadt der Wissenschaften und Künste wurde teurer und teurer – was leicht passieren kann, wenn man einen Stararchitekten wie Santiago Calatrava mit der Planung beauftragt. Letztlich aber konnte das städtebauliche Ensemble Ciutat de les Arts i les Ciències aus Opernhaus, Aquarium, Botanischem Garten, Naturwissenschaftlichem Museum und einer markanten Brücke mit einem 125 Meter hohen Pylon doch realisiert werden. Seitdem gibt es ein zweites, ein futuristisches Valencia. Es breitet sich im ehemaligen Flussbett des Turia aus, der in direkter Umgebung ins Mittelmeer geflossen ist und dessen Lauf bereits in den 1960er-Jahren umgeleitet wurde. Unbedingt nötig wäre dieses neue Valencia aus rein touristischer Sicht nicht gewesen. Schließlich befindet sich die drittgrößte Stadt Spaniens mit mehr als 800 000 Einwohnern direkt am Meer, das von mehreren kilometerlangen Stränden begleitet wird. Palmen, die »chiringuitos« genannten Strandbars und salzige Luft sorgen hier für Urlaubsgefühle. Außerdem gibt es ja auch das alte Valencia, wo unter anderem die Lonja de Seda für staunende Blicke sorgt: Der mächtige gotische Bau aus dem 15. Jahrhundert wurde einst als Umschlagplatz für den Handel mit Seide errichtet und zählt mittlerweile zum UNESCO-Welterbe. Nicht minder monumental ist der direkt gegenüberliegende Mercado Central. Der Art-Nouveau Palast von 1928 ist eine Pilgerstätte für alle, die sich an Zitrusfrüchten, Gemüse und Meeresfrüchten erfreuen.

FRISCHER WIND IN ALTEN MAUERN

Nach diesen starken Eindrücken ist es Zeit für den Ciutat Vella, die Altstadt, und ihre vielen Baudenkmäler: die monumentale Kathedrale, die geräumige Plaza de la Virgen oder das unübersichtliche Gassengeflecht im Viertel El Carmen. Dieses war bis vor rund zwei Jahrzehnten ziemlich heruntergekommen. Seit einer konsequenten Modernisierung aber sind die oftmals mit schmiedeeisernen Brüstungen und Keramiken verzierten Häuser vor allem bei jungen Leuten beliebt. Auch dieses Viertel grenzt an das ehemalige Flussbett, das zum Park umgestaltet wurde. Man kann von hier zu Fuß ins neue Valencia gehen.

ÜBERNACHTUNG

>> **One Shot Mercat 09**

Um die Ecke des Mercado Central liegt diese Designperle. Im wunderschönem Pool kann man vorzüglich entspannen.
www.hoteloneshotmercat09.com/en

REISEZEIT

Ausnahmezustand in der Stadt herrscht, wenn im März die spektakulären »Fallas« beginnen, ein Frühlingsfest der Superlative!

Südeuropa

PARC GÜELL VON ANTONI GAUDÍ

43 BARCELONA

Barcelona fasziniert in seiner Widersprüchlichkeit. Der hingebungsvollen Pflege uralter Traditionen steht der Drang gegenüber, immer vorderste Avantgarde zu sein: einerseits etwa die archaischen Menschentürme der Volksfeste, die »castells«, andererseits hypermoderne Architektur, Design, Kunst, ja sogar Kulinarik – man denke an die Molekularküche.

Die Stadt kann so kosmopolitisch wie provinziell sein, so hektisch wie demonstrativ gelassen. »Seny« und »rauxa« heißt im Katalanischen ein weiteres Gegensatzpaar: vernunftgesteuerte Geschäftstüchtigkeit und ekstatisch-leidenschaftliche Kreativität. Barcelona beschränkt sich nie auf das eine oder andere Extrem. Stattdessen ist es das befruchtende Wechselspiel einander ergänzender Gegensätze, das diese Stadt so einzigartig macht. Sogar sprachlich trifft man auf ein spannendes »Sowohl-als-auch« von Spanisch und Katalanisch. Welche Sprache auch gesprochen wird, stets ist Barcelona bestimmt von einer besonderen Intensität und ansteckender Vitalität. Gerne und oft geht man in dieser Stadt zu Fuß, denn die Wege in den **Altstadtvierteln** und zum Großteil auch im **Eixample**, der Neustadt, sind überschaubar. In kaum einer anderen europäischen Metropole sind Stadt und Meer so eng verknüpft wie hier: Kultur, Strand und Shopping lassen sich aufs Wunderbarste verbinden.

IM GOTISCHEN VIERTEL

Versteckt im Gassengewirr von Barri Gòtic liegt die **Plaça del Rei** (14./15. Jahrhundert). Hier imponiert der **Palau Reial Major** (Königspalast) mit dem Festsaal Saló del Tinell von 1370, der heute zum **Museu d'Història de Barcelona** (MUHBA), dem Museum für Stadtgeschichte gehört. Platz und Viertel entstanden mit dem Aufstieg des Königreichs Aragón, das ab dem 13. Jahrhundert die Balearen, Sizilien, Neapel und Sardinien umfasste. Nach der Hochzeit Ferdinands II. von Aragón mit Isabella von Kastilien (1469) wurde Toledo zum Hof beider Königreiche. Sehenswert im Barri Gòtic sind u. a. die **Kathedrale** (13.–15. Jahrhundert) und der **Palau de la Generalitat** (um 1400) – Sitz der ältesten Institution katalanischer Autonomie.

STADT FÜR FLANEURE

»Ramblejant« nennen die Barcelonins den Bummel auf Spaniens prächtigstem Boulevard **La Rambla** zwischen **Plaça de Catalunya** und **Kolumbusdenkmal:** Zwei schmale Fahrspuren flankieren eine majestätisch breite, von mächtigen

REISEZEIT

Sehr angenehm sind das späte Frühjahr und der frühe Herbst. Aber auch im Winter hat die Stadt noch viele sonnige und milde Tage zu bieten.

Südeuropa

Bäumen beschattete Fußgängerzone. Der oberste Abschnitt, die **Canaletes,** gehört den älteren Herren, die über Gott und die Welt diskutieren. Auf der **Rambla dels Estudis** zwitschert, gackert und kreischt es aus unzähligen Vogelkäfigen. Besonders lieben die Einheimischen den mittleren Abschnitt, die **Rambla de Sant Josep** – wegen ihrer vielen Blumenkioske auch »Rambla de les Flors« genannt. Ein Besuch der riesigen Markthalle **La Boqueria** lohnt sich allein schon der schlagfertigen Fischhändlerinnen wegen. Mittelpunkt der Rambles ist der **Pla de l'Os** mit seinem farbenfrohen Miró-Mosaik. Schräg gegenüber liegt das berühmte **Gran Teatre del Liceu:** Barcelonas heiß geliebte Oper. Die **Rambla dels Caputxins** säumen teure Cafés, doch die Häuser südlich des Carrer Nou de la Rambla waren lange fest in der Hand des Milieus. Ausgerechnet hier errichtete Antoni Gaudí 1888 den extravaganten **Palau Güell** mit parabelförmigen Arkaden und kunstvoller schmiedeeiserner Ornamentik.

BAUMEISTER DES MODERNISME

Nur wenige Städte sind derart mit einem Architekten verbunden wie Barcelona mit Antoni Gaudí (1852–1926). Dabei ist längst nicht alles umgesetzt, was er plante. Gleich Tentakeln eines immensen Tintenfischs ragen die bisher entstandenen Türme der **Sagrada Família** in die Höhe. 18 sollen es einmal werden,

ZUM STADTSTRAND VON BARCELONA KANN MAN MIT DER U-BAHN ODER TRAM FAHREN.

»HIER IST PLATZ FÜR ALLE!«, LAUTET DAS MOTTO DER FANTASTISCHEN MARKTHALLE LA BOQUERIA.

der höchste, über der innen 60 Meter hohen Vierung, wäre dereinst 172 Meter hoch. Organische Strukturen, an der Natur orientiert, waren das Vokabular der Formensprache Antoni Gaudís, von dem, unverkennbar, der Entwurf der wohl ungewöhnlichsten Kirche dieser Welt stammt. Die Pläne des 1882 begonnenen Bauwerks wurden oft variiert, bis zu Gaudís Tod im Jahr 1926 stand immerhin die Geburtsfassade. Auch der **Parc Güell** blieb Fragment im Baustand 1914. Anno 1900 begonnen, war er als 17 Hektar großes Wohnresort für Betuchte gedacht. Der Park mit Eusebi Güells üppiger Villa, der **Casa Gaudí,** Treppen, Terrassen, Balustraden, Arkaden, Figuren und großem Platz zeigt überall verspielt-organische Formen und Mosaiken aus Porzellanscherben.

ÜBERNACHTUNGEN

»» Poblenou Bed & Breakfast

Charmantes, familiäres, schön restauriertes altes Stadthaus, nur 300 Meter vom Strand entfernt. Hier wohnt man in luftigen, nach katalanischen Künstlern benannten Zimmern. Auf der pflanzenumrankten Hof-Terrasse wird köstliches Frühstück serviert.
www.hostalpoblenou.com

»» Hotel Colón

Mit Blick auf die Kathedrale im gotischen Viertel nächtigten hier bereits Künstler wie Joan Miró, Ernest Hemingway und Jean-Paul Sartre. Die Zimmer des 1951 erbauten Hotels sind hell und stilvoll. Eine Wucht ist die Aussicht über die Dächer Barcelonas von der Terrasse und vom Spa aus.
www.colonhotelbarcelona.com

CANAL GRANDE UND SANTA MARIA DELLA SALUTE

44 VENEDIG

CAFFÈ FLORIAN AUF DER PIAZZA SAN MARCO

Der Literaturnobelpreisträger Joseph Brodsky konnte sich nicht vorstellen, jemals im Sommer nach Venedig zu fahren, in jene brütende Schwüle, in der Thomas Mann den Künstler Aschenbach einen tragischen Tod sterben lässt Jetzt schieben sich wieder Kreuzfahrtschiffe vor die einzigartige Kulisse der Lagunenstadt, und die Warteschlangen vor dem Dogenpalast und dem Markusdom werden länger.

Das bunte Postkarten-Venedig erstrahlt in der Regel zwischen April und Oktober. Dann ächzen die Venezianer wieder unter einer zweistelligen Millionenzahl an Besuchern. Man mag es den Gastronomen rund um den Markusplatz fast verzeihen, dass sie dann Mondpreise für eine lauwarme Pizza nehmen. Venedig im Winter dagegen ist die Zeit der Romantiker, die die Stadt ohne Massen erleben wollen, im Winternebel, wenn die Gondeln Raureif tragen, ja sogar mit der berüchtigten »aqua alta«, wenn sich der Markusdom im Hochwasser auf dem Markusplatz spiegelt. Wie in morbiden Venedig-Filmen verwandeln sich die gotischen Paläste in Schattenrisse, bis die Wintersonne sie wieder in geheimnisvolles goldfarbenes Licht taucht. Dann ist Venedig genau so, wie der russische Nobelpreisträger Joseph Brodsky die Lagunenstadt beschrieb: »Aristokratisch, düster, kalt, matt erleuchtet mit Saitenklängen von Vivaldi und Cherubini im Hintergrund, mit von Bellini/Tiepolo/Tizian drapierten weiblichen Körpern als Wolken.«

WINTERZAUBER IN SEPIA

Im Januar sitzen selbst Venezianer am Canal Grande, um mit Blick auf die Rialtobrücke ein paar »cicchetti« genannte Häppchen zu genießen. Unbedingt im Januar, nicht im Februar, wenn die Venezianer vor dem Karneval fliehen, der zwar wunderschön ist, hinter dessen Masken sich aber kaum noch ein Venezianer verbirgt. An nebligen Januartagen, wenn nur noch die gespenstischen Nebelhörner der Kreuzfahrtschiffe die Stille der autofreien Stadt durchdringen, verwandeln sich die filigranen gotischen Fenster des Ca' d'Oro in Schattenrisse, bis die Strahlen der Wintersonne goldene Kringel auf die tanzenden Wellen der Kanäle malen und Venedig in die unwirklichen Sepiatöne der Photochrombilder aus dem späten 19. Jahrhundert tauchen. Dann lichten sich die Nebelschwaden, und die Farben der Lagunenstadt leuchten mit klarer silbriger Transparenz, wie man sie aus

REISEZEIT

Der Karneval und die Gondelregatten, die internationalen Filmfestspiele, alle zwei Jahre die Kunst- oder Architekturbiennale und dazu Volksfeste und Jazzfestivals – Venedig ist ganzjährig eine riesige Bühne. Von November bis März erlebt man dagegen eine stille, melancholische Stadt mit weitaus weniger Touristen.

Südeuropa

den Gemälden Canalettos kennt. Im wärmenden Sonnenlicht genießt man im berühmten Caffè Florian auf der Piazza San Marco einen »Spritz«, wo man gestern noch in Gummistiefeln auf Holzbohlen über das »aqua alta« genannte Hochwasser balancierte – ein ständiges »Memento mori« an die versinkende Lagunenstadt –, und taucht in das Dämmerdunkel des Markusdoms ein, dessen goldene Mosaiken eine mystische Stimmung schaffen, die im Sommer im Lärm der Touristenmassen untergeht.

STREIFZÜGE DURCH VENEDIG

Nein, bitte Venedig nicht auf den Spuren der altbackenen Filmkrimis von Donna Leon erforschen, in denen die Lagunenstadt nur wohlfeile Staffage ist, sondern lieber den Thriller von Ian McEwans »Der Trost von Fremden« einpacken, der mit den fatal-dunklen, mysteriösen, gefährlichen Seiten Venedigs spielt. Und nur an nebligen Wintertagen verspricht die Suche nach den dunklen Bogengängen und matt erleuchteten Brücken hinter der Fondazione Querini Stampa-

WAS TUN BEI »AQUA ALTA«, DEM BERÜCHTIGTEN HOCHWASSER IN VENEDIG? AUF ALLE FÄLLE GUMMISTIEFEL ANZIEHEN UND KEINE PLASTIKGAMASCHEN WIE HIER: RUTSCHGEFAHR!

lia wirklich Erfolg, über die im Spielfilm »Wenn die Gondeln Trauer tragen« des britischen Regisseurs Nicolas Roeg aus dem Jahr 1973 immer jene ominöse Figur im roten Mantel huscht. Nie wurde Venedig morbider in Szene gesetzt als in dieser verfilmten Erzählung von Daphne du Maurier über Obsessionen und den Tod. Auch um die nicht aufzuzählenden Kunstschätze Venedigs zu besichtigen, ist der Januar die beste Zeit. Selbst dann ist man zwar nicht allein mit der byzantinischen Altartafel Pala d'Oro in der Basilica di San Marco, mit Tintoretto, Bellini, Tizian, Veronese, Tiepolo, Carpaccio und Canaletto in der Galleria dell'Accademia und mit den Expressionisten der Collezione Peggy Guggenheim. Aber man kann sie in Ruhe genießen und zwischen den Museumsbesuchen all die »itinerari segreti« entdecken, die geheimen Wege, die durch Venedig führen – sei es auf einem Streifzug durch die Giudecca, das älteste Ghetto der Welt, oder bei einem Besuch des Dogenpalasts mit seiner Folterkammer und seinen Bleikammern unter dem Dach, aus denen Casanova eine spektakuläre Flucht gelang. Nicht verzichten sollte man auf eine Pause an einem der volkstümlichen Plätze Venedigs – wie dem Campo Santa Margherita im Sestiere Dorsoduro. Und wenn dann die Abendsonne die Kuppeln von Santa Maria della Salute, der schönsten Barockkirche der Stadt, in tiefes Rot taucht und über dem Markusplatz Eimer voll Goldfarbe ausschüttet, dann wird man – wie Rainer Maria Rilke – lernen, die »verdrießliche Hast« der Venedig-Touristen abzulegen. Und ihre Blindheit, mit der sie »an tausend leisen Schönheiten vorbei zu jenen offiziellen Sehenswürdigkeiten hin« laufen.

ÜBERNACHTUNGEN

❯❯ Accademia

Ein Patrizierhaus mit Garten mitten in Venedig? Die charmante Pension Accademia nahe der gleichnamigen Brücke kann damit aufwarten: In gleich zwei Gärten können Gäste entspannen und frühstücken. Gediegen eingerichtete Zimmer.
www.pensioneaccademia.it

❯❯ Foresteria Levi

Direkt am Canal Grande, vis-à-vis der Accademia, befindet sich dieses Gästehaus im Palazzo Giustinian Lolin, der im Kern aus dem 14. Jahrhundert stammt und im 17. Jahrhundert umgebaut wurde. Etliche Zimmer sind geprägt von alten Balkendecken und Terrazzoböden, alle sind modern eingerichtet.
www.foresterialevi.it

❯❯ Domus Orsoni

In der alten Residenz der Familie Orsoni in Cannaregio, deren Werkstatt seit mehr als 100 Jahren Mosaiksteine aus Glas und Gold herstellt, schläft man zu für Venedig moderaten Preisen in den restaurierten, mit Antiquitäten eingerichteten Lehrlingskammern. Das Haus liegt inmitten eines herrlichen Gartens.
www.domusorsoni.it

45 FLORENZ

Die Hauptstadt der Toskana ist in vielerlei Hinsicht einmalig: Wer sie nicht gesehen hat, hat wirklich etwas von der Welt verpasst. Manches ist ein Muss in der Stadt am Arno, anderes hingegen kann man getrost am Wegesrand liegen lassen – gleichgültig lässt sie einen nie. Wichtig ist es, sich jenseits der Besucherlawinen zu bewegen, um die Stadt wirklich genießen zu können.

»SCHÖN WIE EIN WUNDER« SEI DER BOBOLI-GARTEN, SCHRIEB DER 23-JÄHRIGE HERMANN HESSE, DIE AUSSICHT AUF DIE STADT MIT DOM UND CAMPANILE IST EBENFALLS WUNDERSCHÖN.

Florentia – die Blühende: So tauften die Veteranen Cäsars ihre Siedlung am Arno – ein Name, der die großartige Zukunft der Stadt als blühende Renaissancemetropole vorwegzunehmen scheint. Das **Centro storico** ist als einzigartiges Gesamtensemble der Renaissance Weltkulturerbe. Im März kann sich Florenz nicht recht zwischen Frühling und Winter entscheiden. Es kann passieren, dass gelegentlich so frische Winde durch die engen Gassen fegen, dass nur noch eine Ribollita hilft, der berühmte heiße florentinische Gemüseeintopf, oder eine zarte Bistecca alla Fiorentina, zubereitet mit dem vielleicht besten Olivenöl der mediterranen Welt und serviert mit einem Glas Montepulciano oder Chianti. Die Schlangen vor den **Uffizien** sind jetzt erträglich kurz, und in den Gärten blüht es bereits verschwenderisch.

DIE STADT ALS BÜHNE

Frühmorgens hat man Florenz tatsächlich fast für sich allein. In der Morgendämmerung, vom Arno kommend, empfängt die noch menschenleere **Piazza della Signoria** den Frühaufsteher mit ihrer **Loggia dei Lanzi** und mit ihren melodramatischen, in weißem Carrara-Marmor skulptierten Göttern, wilden Heroen und geschändeten Sabinerinnen wie eine Operettenbühne. Die ersten Sonnenstrahlen lassen den hohen Turm des **Palazzo Vecchio** im Licht erglühen. Diese Piazza, auf der die Florentiner seit dem Mittelalter ihre unbändige Streitlust austobten, auf der sie erst ihre Schätze und dann den fanatischen Dominikanermönch Girolamo Savonarola, der sie dazu angestiftet hatte, verbrannten, ist das Herz der Stadt, das allen gehört. Das berüchtigte »Stendhal-Syndrom« kann Touristen treffen, die glauben, die Kirchen, Paläste und Bildergalerien von Florenz im Schnelldurchgang absolvieren zu können, und dann – wie einst Rilke – »das Schauen nicht mehr ertragen«. An einem Sonnentag sollte der Weg daher in den zauberhaften Park **Giardino di Boboli** führen, in dem Hermann Hesse einige Nachmittage verträumte und »von einer glücklichen Stelle aus den **Dom** und **Campanile** in einem Rahmen von Lorbeer und Zypressen« erblickte. Die Kunst läuft ja nicht weg.

ÜBERNACHTUNG

>> La Scaletta

Beim Palazzo Pitti und dem Boboli-Garten gelegenes Hotel mit herrlicher Dachterrasse und Frühstücksbüfett.
www.hotellascaletta.it

REISEZEIT

Im Frühjahr und Herbst halten die Hügel die kalten Fallwinde vom Apennin her ab, in den Sommermonaten verwandeln sie Florenz in eine Sauna. Oft erreicht tagelang kein Lufthauch die Innenstadt, knapp 40 °C sind dann nicht selten.

46 ROM

NACHTLEBEN IN TRASTEVERE

Rom ist ewig. Und ewig schön. Die Stadt prahlt, prunkt und protzt mit der Grandezza von Jahrtausenden. Man stolpert über Tempel, Triumphbögen, Säulen, Statuen – und die Archäologen graben immer noch weiter. Durch die Stadt zu wandern ist auch ein Stelldichein mit den antiken Göttern, wie Jupiter, Minerva, Apollo, die im Pantheon zu Hause waren.

Es wäre natürlich verrückt, die »Ewige Stadt« in einem Tag besichtigen zu wollen. Goethe nahm sich bekanntlich zwei Jahre Zeit. Sicher, man könnte morgens am Kolosseum starten, zum Forum Romanum hinüberspazieren, dann hinauf zu den Kunstschätzen der Kapitolinischen Museen, einen Caffè auf der Caffarelli-Terrasse mit Rompanorama genießen, rüber zum Pantheon, mit dem Taxi zum Vatikan, wieder zurück, um die Münze in die Fontana di Trevi zu werfen, und dann am Campo de' Fiori zu Abend essen. Oder man macht es wie die Römer und huldigt in der Abenddämmerung dem Ritual des »struscio«. Rund um die Spanische Treppe flanieren die eleganten Leute an den Auslagen der Nobelboutiquen entlang, während auf der Piazza Popolo oder der aus Fellinis »Dolce Vita« bekannten Via del Corso die Komplimente an die holde Weiblichkeit etwas handfester ausfallen. Immer geht es darum, mit viel Geschick den Blick einer »bella signorina« auf sich zu ziehen – und dabei selbstredend eine »bella figura« zu machen.

EIN HERRLICHER TAG

Der Herbst ist die beste Jahreszeit für Rom. Goethes »Wetterbericht« vom 28. Oktober 1786 passt perfekt: »Heute war ein ganz heiterer, herrlicher Tag, der Morgen sehr kalt, der Tag klar und warm, der Abend etwas windig, aber sehr schön.« Abends versorgt den ganzen Herbst über das Festival »Romaeuropa« den kulturhungrigen Besucher mit Theater-, Opern- und Tanzaufführungen, tagsüber schaut man sich die Stadt ganz nach Gusto an. »Erleuchtete« Romkenner stöhnen angesichts der Schnitzer, die sich Dan Brown in seinem Millionenbestseller »Illuminati« leistete, doch die Schnitzeljagd zu den Schauplätzen der Kardinalsmeuchelungen auf einem »von Engeln geführten Lichtpfad« quer durch Rom ist recht vergnüglich: vom Pantheon zur Kirche Santa Maria del Popolo, weiter zum Petersplatz, in die Kirche Santa Maria della Vittoria, zu Berninis Vierströmebrunnen auf der Piazza Navona und nun zum Showdown in die Engelsburg.

REISEZEIT

Von Juni bis August pilgert Jung und Alt zu den Kulturabenden der »Estate Romana« mit Musik, Film und Theater unter Sternenhimmel. Kühler und angenehmer ist es im Frühjahr und vor allem im Herbst. Im Winter sind die Hotels am günstigsten.

ROM OHNE TOURISTEN?

Aber wie geht man – auch im Herbst – dem Touristenrummel aus dem Weg? Die Kirchen öffnen schon um 7 Uhr morgens, ohne Warteschlangen und Eintritt. Selbst an der Fontana di Trevi trifft man frühmorgens höchstens eine Handvoll Besucher. Tickets für die Hauptattraktionen sollte man immer online kaufen, das erspart langes Anstehen. Die Galleria Borghese besichtigt man am besten am Donnerstagabend, der schnelle Flitzer (mit Reservierung) zur Sixtinischen Kapelle mit den Fresken von Michelangelo gelingt am ehesten am Freitagabend. Oft nur wenigen Touristen begegnet man auf dem Palatinhügel, in den Caracalla-Thermen, im Nationalmuseum oder auf den Trajansmärkten am Hang des Quirinal. Nahezu unbekannt ist das Quartiere Coppedè an der Ecke Via Dora und Via Tagliamento im Stadtteil Trieste. Was der Architekt Gino Coppedè zwischen 1913 und 1926 auf 31 000 Quadratmetern verwirklichte, ist ein mehr als skurriler, aber auch faszinierender Mix aus italienischem Jugendstil und Einflüssen der griechischen, gotischen, barocken, ja sogar mittelalterlichen Kunst. Rompuristen schimpfen wahrscheinlich, aber das ist wirklich mal ein Geheimtipp – auch der Fontana delle Rane, der Froschbrunnen auf der zentralen Piazza Mincio! Die Beatles sollen nach einem Konzert in voller Montur ein Bad in ihm genommen haben.

AUSDRUCKSSTARK, MEISTERLICH UND AUS WEISSEM MARMOR: DIE STATUE »DER RAUB DER PROSERPINA« (1622) VON GIOVANNI LORENZO BERNINI IN DER GALLERIA BORGHESE.

LA DOLCE VITA

Manch illustren Stammgast des Caffè Greco kann man noch heute in Rom »besuchen«: Auf dem Campo Santo Teutonico im Vatikan liegen die katholischen Deutschen begraben, darunter Carolyne zu Sayn-Wittgenstein, die Lebensgefährtin des Komponisten Franz Liszt. Auf dem idyllischen, von Pinien beschatteten Cimitero Acattolico an der Porta Ostiense ruhen Keats und Shelley sowie viele weitere Nicht-Katholiken, denen das Glück widerfuhr, in Rom sterben zu dürfen. Doch in Rom lernten die Geistesgrößen Europas vor allen das Leben, und das gilt bis heute. Schon mancher ist wegen der Kunstschätze der Vatikanischen Museen nach Rom gekommen oder um die sieben Hauptkirchen der Stadt der Reihe nach zu besuchen, wie es alte Pilgerpflicht ist. Es kann allerdings sein, dass die Erinnerung an die byzantinischen Mosaiken, die Barockskulpturen Berninis und die meist im Laufschritt absolvierten Michelangelo-Fresken der Sixtinischen Kapelle schneller verblasst ist als der Eindruck, den man vom Markttreiben auf dem Campo de' Fiori, vom turbulenten Nachtleben im Viertel Trastevere und von den unzähligen Liebespaaren auf dem Gianicolo-Hügel mit nach Hause genommen hat. Das römische »Dolce Vita« ist nicht nur ein Mythos, den Federico Fellini schuf, als er den blonden Vamp Anita Ekberg in die Fontana di Trevi steigen ließ. Ein todschickes Kleid aus der noblen Via Veneto, eine leckere Pasta bei Alfredo alla Scrofa und ein »caffè speciale« im Sant'Eustacchio Il Caffè am Pantheon, der vielleicht besten Espressobar Italiens: Rom ist immer eine Reise wert!

ÜBERNACHTUNGEN

>> Hotel Adriano

Nahe beim Pantheon, der Piazza Navona und der Spanischen Treppe gelegen, versteckt sich dieses Juwel in einem eleganten Palazzo des 17. Jahrhunderts. Zimmer mit Designermöbeln. Besonders schön sind die drei mit jeweils eigener Terrasse. Die Frühstücksterrasse mit Ausblick verströmt ebenfalls herrlich römisches Flair.
www.hoteladriano.com

>> QuodLibet

Charmantes, schickes B & B im 4. Stock eines eleganten Gebäudes (mit Aufzug). Geräumige, geschmackvoll eingerichtete und für römische Verhältnisse wirklich ruhige klimatisierte Zimmer. Frühstück gibt es auf der malerischen Dachterrasse.
www.quodlibetroma.com

>> Isa Design Hotel

In der Nähe des Vatikans liegt das elegante Hotel, dessen schicke Zimmer teils mit Jacuzzis ausgestattet sind. Die Krönung indes ist der Dachgarten, wo morgens opulentes Frühstück und abends Drinks serviert werden – mit göttlicher Aussicht auf die Kuppel des Petersdoms und über Roms Dächer.
www.hotelisa.net

Südeuropa

1 HIN UND WIEDER MUSS MAN SICH AN DIE DETAILS HALTEN, DENN GRÖSSE UND PRUNK DES PETERSDOMS KÖNNEN SPRACHLOS MACHEN.

2 GEHEIMTIPP: DER BRUNNEN AUF DER PIAZZA MINCIO IM QUARTIERE COPPEDÈ.

3 EINST DAS GRÖSSTE AMPHITHEATER DER ANTIKE: DAS KOLOSSEUM IN ROM.

4 »M(ARCUS) AGRIPPA L(UCII) F(ILIUS) CO(N)S(UL) TERTIUM FECIT« LAUTET DIE INSCHRIFT AUF DEM PORTIKUS DES PANTHEONS.

5 »MANGIA CHE TI PASSA«, SAGT MAN IN ITALIEN, »ISS UND ALLES WIRD GUT«.

47 PALERMO

Geliebt und gehasst – vor allem aber Sizilien pur – das ist Palermo, die pulsierende Hauptstadt der Insel. Einerseits geht die Stadt im Verkehrslärm unter und erstickt in Abgasen.

Andererseits besitzt sie unendlich viele sehenswerte Kirchen und Palazzi und bietet immer wieder pittoreske Straßenszenen. Eine Stadt zum Eintauchen. Man muss sich nur treiben lassen.

DIE MISCHUNG AUS GRENZENLOSER SCHÖNHEIT UND VERFALL MACHT PALERMO SO EINZIGARTIG.

*P*alermo ist ein mittelalterliches Gesamtkunstwerk, das Byzantiner, Araber und Normannen geschaffen haben. Als arabisch-sizilianische Handwerker die Normannenkirche **La Martorana** nach dem Vorbild byzantinischer Kreuzkuppelkirchen schufen, war die Stadt ein Hort der religiösen Toleranz. So zeigt die Kuppel einen christlichen Hymnus in kufischer Schrift, aber in griechischer Sprache. Gleich nebenan erinnern die drei roten halbkugelförmigen Kuppeln von **San Cataldo** an ein jordanisches Wüstenschloss.

Nicht minder eindrucksvoll demonstrieren die fünf roten Kuppeln von **San Giovanni degli Eremiti** die Kultursynthese des frühen 12. Jahrhunderts. Im zauberhaften Kreuzgang duftet es nach blühenden Zitronenbäumen, Jasmin und Rosen. Auch der benachbarte mächtige **Normannenpalast** ist aus einem arabischen Bau hervorgegangen. Die zwischen 1130 und 1140 entstandene **Cappella Palatina** kombiniert den Grundriss byzantinischer Kirchen im Presbyterium mit dem im Stil einer lateinischen Basilika angelegten dreischiffigen Langhaus. Die fatimidisch inspirierten, figürlichen Malereien der Decke, deren Holzteilchen wie Stalaktiten (Muqarnas) herabhängen, erinnern wiederum an kostbaren arabischen Brokatstoff. Ein prachtvoller biblischer Mosaikzyklus im byzantinischen Stil mit segnendem Christus in der Apsis schmückt die Wände der Palastkapelle. Gibt es noch Steigerungen?

ÜBERNACHTUNG

›› BB 22

Die Zimmer des kleinen, aber feinen B&B haben teilweise eine eigene Terrasse. *www.bb22.it*

AUF DEM KÖNIGLICHEN BERG

Auf den 1186 entstandenen Bronzetüren des **Doms von Monreale** außerhalb von Palermo schildert der Architekt und Bildhauer Bonanus da Pisa in 42 Reliefs Szenen von Adam und Eva bis zum Triumph Christi. Dieser Bilderbibel wird man im marmorverkleideten Innern des Doms auf unvergleichlich kunstvollen Goldmosaiken wieder begegnen. Alles Geschehen läuft auf die Apsis zu, in der Christus in seiner segnenden Herrlichkeit erscheint. Flimmern die Augen? Dann wartet Erholung im kostbarsten Kreuzgang Italiens. Seine 228 kleinen Doppelsäulen sind mit gold- und buntfarbigen Mosaiksteinchen verziert, die germanische Band- und Flechtmotive mit den geometrischen Mustern des Islam verbinden: ein Paradies auf Erden, an dem sich Christen wie Moslems gleichermaßen ergötzen können.

REISEZEIT

Die besten Reisezeiten sind April, Mai, Juni sowie September und Oktober.

SÜDOSTEUROPA

Hier herrscht ein unvergleichlicher Mix aus Stil und Geschichte! Das stolze Vorzeigen historischer Bestände trifft auf Metropolen im Aufbruch. Wunderschöne Altstädte wechseln sich ab mit Stadtzentren, die lebhafte Zeugnisse der jüngsten Geschichte Europas sind. K.-u.-k.-Romantik kontrastiert mit historischen Fassaden und Häuserwänden, die noch Spuren von Krieg und Umsturz tragen, und trifft auf topmoderne Architektur. Dazu betört Dubrovnik als kompakte Schönheit an der Adria, während Athen mit dem Welterbe Akropolis und Istanbul als uralte Weltstadt am Bosporus beeindrucken.

PARLAMENT

48 BUDAPEST

ZENTRALE MARKTHALLE

Schon der Name verrät, dass Budapest, die Hauptstadt Ungarns, nicht so einfach auf einen Nenner zu bringen ist. Da gibt es »Buda«: hoch über dem Fluss, mit seinen engen Gassen, dem Burgpalast und der Zitadelle. Und da ist – am anderen Ufer – in der weiten Ebene »Pest« mit seinen Prachtstraßen, seiner Basilika, Synagoge und dem monumentalen Parlament.

azu kommen ganz unterschiedliche Prägungen vergangener Epochen: ungarische, deutsch-österreichische, jüdische, türkische Traditionen und, nicht zu vergessen, »realsozialistische«. Vielleicht ist es die Donau, die alles zusammenhält. Der Strom verbindet Budapest nicht nur mit Wien im Westen und dem Schwarzen Meer im Osten, sondern verknüpft auch die Stadtteile – ein Dutzend majestätische Brücken überspannt den Fluss. Deutlich werden die verflochtenen Traditionslinien an vielen Stellen der Stadt: Was jeweils einst in türkischer Zeit begonnen hatte, wurde in der K.u.k.-Zeit auf das Prächtigste ausgestaltet und gehört nun unverzichtbar zum ungarischen Selbstverständnis. Schöner als etwa im **Café Gerbeaud** oder im Gellért-Bad lässt sich kaum der Kaffeehauskultur bzw. den Thermalbadefreuden frönen. Man kann hier der bewegten Geschichte dieser Paläste nachsinnen oder an jenen Oasen der Entspannung inmitten großstädtischer Geschäftigkeit Gefallen finden. Quirligere und zugleich bodenständigere Eindrücke bieten demgegenüber die vielen über die Stadt verteilten Markthallen, von denen die **Zentrale Markthalle** (Központi Vásárcsarnok) sicher die schönste ist. Mit allen Sinnen lässt sich hier das Budapester und ungarische Lebensgefühl erspüren, riechen und schmecken: genussvoll und facettenreich – so wie Budapest eben ist.

MUST-SEE

Auf dem Hügel rechts der Donau erhält das **Burgviertel** (Várnegyed) viel Besuch. Kein Wunder, bietet das Welterbe (1987) doch feinstes Panorama auf die **Széchenyi-Kettenbrücke** (1849) und Budapest. Die riesige (oft umgestaltete) Festung wurde ab dem 13. Jahrhundert errichtet, um den Mongolen zu trotzen, die Türken konnten sie jedoch 1541 erobern. Ungarns osmanische Zeit beendeten die Habsburger 1686, die daraufhin die Burg barockisierten. Die heutige Rekonstruktion war nach der Schlacht um Budapest (1944/45) nötig. Den Palast nutzen nun **Historisches Museum** (Történeti Múzeum) und **National-**

REISEZEIT

Budapest ist im Frühling am schönsten, wenn die Natur zu sprießen beginnt. Zwischen Ende Mai und Ende August kann es sehr heiß werden. Spätestens ab Oktober muss mit Regen, Schnee oder auch Stürmen gerechnet werden.

FAST EIN PFLICHTPROGRAMM FÜR BUDAPEST-BESUCHER: DAS SZÉCHENYI-BAD IM STADTWÄLDCHEN.

galerie (Nemzeti Galéria) mit reichem Fundus ungarischer Kunst, darunter viele Werke des Malers Mihály Munkácsy (1844–1900). Vom **Burggarten-Basar** (Várkert Bazár), ein Schmuckstück mit Park, Galerien, Cafés, führen Aufgänge zur Burg. Hinauf fährt auch Europas älteste Standseilbahn (1870). Oben locken die **Fischerbastei** (Halászbástya) nebst **Matthiaskirche** (Mátyás-templom; beide um 1900), deren konische Türme das Stadtbild mitprägen.

Die **Große Synagoge** (Nagy Zsinagóga), die größte Europas, zeigt sich im maurischen Stil (1859, Ludwig Förster). Das Hauptportal flankieren zwei über 40 Meter hohe, achteckige Türme mit vergoldeten Kuppeln. In einem Anbau befindet sich das **Jüdische Museum** (Zsidó Múzeum), draußen, an der Rückseite der Synagoge, ehrt ein Denkmal den schwedischen Diplomaten **Raoul Wallenberg,** der in den Jahren 1944/45 das Leben Tausender Juden rettete. Daneben gemahnt das **Holocaust-Denkmal** von Imre Varga, eine metallene Trauerweide in Echtgröße mit eingravierten Namen, an den Holocaust in Ungarn.

Monumental ist das **Parlament** (Országház) des eher kleinen Ungarn. 268 Meter lang, 123 Meter breit: Für Imre Steindls (1839–1902) neogotisches Bauwerk am linken Donauufer stand Westminster Palace in London Pate. Begonnen 1885 (zwölf Jahre nach der Vereinigung von Buda und Pest), dauerte die Fertigstellung bis 1904. Raffiniert ausgetüftelt war die Klimaanlage mittels wassergekühlter Luftzirkulation, im sommerlich heißen Budapest keine schlechte Idee. Auf der

96 Meter hohen Kuppel des Gebäudes prangte von 1950 bis 1990 weithin sichtbar ein roter Stern. Von den nur 199 Abgeordneten des Parlaments stellt seit der Wahl im April 2022 Viktor Orbáns Fidesz-Partei zusammen mit der KNDP allein 135.

BADEKULTUR UND »SPARTYS«

123 Thermalquellen sprudeln im Stadtgebiet. Hier kurierten schon römische Soldaten in 14 luxuriösen Thermen rund um den Burghügel ihre Zipperlein aus. Später gab es mindestens fünf prunkvolle osmanische Bäder allein in Buda. Über eine Million Besucher im Jahr zählt das **Széchenyi-Heilbad,** eine überkuppelte neobarocke Palastanlage mitten im Stadtwäldchen. Mit seinen 18 Thermalbecken (26–38 Grad) zählt es zu den größten Badeanlagen Europas. Im riesigen, besonders warmen Außenbecken spielen die Besucher sogar im tiefsten Winter auf schwimmenden Brettern Schach. Samstagnachts werden hier schillernde Partys mit Lightshows, Chill-out und Bauchtänzerinnen bis in den frühen Morgen zelebriert, die »Spartys«. »Fürdoruhás«, also mit Badezeug, lautet der Dresscode, selbst wenn Schneeflocken vom Himmel fallen, denn die meisten Gäste feiern im warmen Wasser. Noch berühmter ist das **Gellért-Bad** in Buda, ein wahrlich prunkvolles Ensemble aus Grand Hotel und Bad im späten Sezessionsstil. Schon die mosaikgeschmückte Eingangshalle mit bunten Glasfenstern und herrlich altmodischen Kassen stimmt auf die riesige Schwimmhalle ein. Mit Marmorsäulen und großen Palmen ist sie sehr prunkvoll gestaltet.

ÜBERNACHTUNGEN

>> Buda Castle Hotel

Der Name ist kein leeres Versprechen, das recht günstige 4-Sterne-Haus befindet sich im Burgviertel: keine fünf Fußminuten zur Matthiaskirche und zur Fischerbastei, von der sich trefflich auf die Kettenbrücke blicken lässt. 24 Zimmer, groß, hell und schick eingerichtet, auch als Maisonette unterm Dach. Frühbucher sparen zehn Prozent.
www.budacastlehotel.com/en

>> Bródy House

Das 1896 erbaute Palais in der Innenstadt hat eine Gruppe von Künstlern als kreativen Spielplatz genutzt und zehn einzigartige Hotelzimmer in prächtigem Shabby-Look geschaffen: Unverputzte Wände treffen auf edles Interieur unter teils vier Meter hohen Stuckdecken. In der Honesty-Bar schreibt jeder auf, was er getrunken hat.
www.brody.house

>> Casati Budapest Hotel

Klassisch elegant, trendig cool, himmlisch licht oder natürlich bequem eingerichtet? Dieses Boutiquehotel stellt einen vor die Qual der Wahl! Allen Räumen gemeinsam aber ist die gehobene Ausstattung, die mit Werken ungarischer Künstler fein auf die Einrichtungslinie abgestimmt ist. Ein Adults-only-Hotel.
www.casatibudapesthotel.com

49 BRATISLAVA

Die Hauptstadt der Slowakei hat sich im Dreiländereck und an den Hängen der aufsteigenden Karpaten gemütlich eingerichtet. Stadtgrenzen sind hier deswegen oft auch Ländergrenzen.

Wer hier mit offenen Augen durch die Straßen geht, kann Bratislava als eine alle Sinne ansprechende Donauperle entdecken mit einem vielseitigen Kultur- und Geschichtsprogramm.

AUF DER BRÜCKE DES SLOWAKISCHEN NATIONALAUFSTANDES THRONT DAS IN RUND 80 METER HÖHE GELEGENE RESTAURANT UFO: HIER LIEGT EINEM BRATISLAVA ZU FÜSSEN.

Auch hier spielt Europas zweitlängster Fluss, die Donau, eine entscheidende Rolle und wird durch die **Brücke des Slowakischen Nationalaufstandes** (most SNP) auf gebührende Weise in Szene gesetzt. Die Donau führte schon in der Jungsteinzeit zu ersten Siedlungen in dieser Gegend, bevor die Kelten den Grundstein für das heutige Bratislava legten. Stadt und Region blieben jedoch lange ein Spielball der Mächte, bevor die Slowakei 1993 endlich ihre Unabhängigkeit erlangte.

MUST-SEE

Die **Burg Bratislava** (Bratislavský hrad) ist das Wahrzeichen der Stadt. Hier, am Ort der ersten keltischen Siedlung, wurde 1992 der Staatsvertrag unterzeichnet, aus dem die heutige Slowakei hervorging. Auf einer 85 Meter ansteigenden Felsanhöhe bildet die Burg mit ihren vier markanten Türmen die Krone über den Dächern Bratislavas. Wie die **Kirche St. Elisabeth** (Kostol svätej Alžbety) mit ihrer Sezessionsarchitektur und dem bezaubernden Blau ihrer Fassade aus Majolika-Mosaiken wartet auch der **Martinsdom** (Katedrála svätého Martina) mit einer herrlichen Lage in der Altstadt auf. An den Ausläufern des Burgbergs gelegen, entstand er ab dem 13. Jahrhundert, um danach immer weiter ausgebaut und umgestaltet zu werden. Die Wirkung des heute gotischen Prachtbaus wird nicht nur durch das Kreuzrippengewölbe, sondern auch durch viele schöne Details bestimmt.

ÜBERNACHTUNG

❯❯ Marrol's Boutique Hotel

Im Herzen Bratislavas widmet sich das 5-Sterne-Haus dem Komfort seiner Gäste.
www.hotelmarrols.sk

KUNSTGENUSS

Es ist der historischen Fassade der **Galéria Nedbalka** kaum anzusehen, was sich in ihrem Innern abspielt. Das gilt für die atemberaubende Architektur, die in dem ehemaligen Palastbau eine wundervolle Hommage an das MoMA New York inszeniert und die Besucher in einem spiralförmigen Rundgang durch die Ebenen der Ausstellung zeitgenössischer slowakischer Kunst führt. Vor allem der im Stil der Neorenaissance gestaltete **Esterházy-Palast** samt seinem wuchtigen, an eine gigantische Tribüne gemahnenden Erweiterungsbau bildet in Bratislava das Prunkstück der **Slowakischen Nationalgalerie.** Hier erwartet einen nicht nur eine reiche Sammlung, sondern auch stets hochaktuelle und ansprechende Wechselausstellungen.

REISEZEIT

Im April feiert Bratislava bei den Stadttagen seit bald zwei Jahrzehnten sich selbst mit einem Wochenende der offenen Tür sowie mit vielen Veranstaltungen zur Geschichte der Slowakei.

Südosteuropa

50 LJUBLJANA

PREŠEREN-PLATZ UND -DENKMAL

Der junge Staat Slowenien und seine geschichtsträchtige Hauptstadt werden gelegentlich unterschätzt. Wer genauer hinsieht, entdeckt zwischen Alpen, Adria und Balkan eine Perle im Osten Europas. Mit weniger als 300 000 Einwohnern verbindet Ljubljana auf faszinierende Weise kleinstädtischen Charme mit den Vorzügen einer lebendigen Metropole.

Das kulturelle Angebot ist enorm: Herausragende Theater- und Konzertbühnen, ungewöhnliche Galerien und hochkarätige Museen buhlen um die Gunst eines verwöhnten lokalen Publikums. In wohl keiner anderen Stadt begegnet man auf so kleinem Raum so vielen künstlerisch ambitionierten Menschen: Schon seit dem Mittelalter ist die Stadt mit zahlreichen Akademien, Werkstätten und Fachschulen ein Kulturzentrum von europäischem Rang. Der 1701 gegründeten Philharmonie gehörten unter anderem Haydn, Beethoven, Brahms und Mahler an. Laibach hieß die Stadt damals und war insgesamt fast 600 Jahre Teil des Habsburgerreichs (bis 1918). Das altösterreichische Erbe verbindet sich im Stadtbild auf das Harmonischste mit der romantisch-verspielten Eleganz der frühen jugoslawischen Jahre (1920er/30er), geprägt von dem bedeutenden slowenischen Architekten Jože Plečnik, dem Ljubljana quasi zur Muse wurde. In der kleinen kulturbeflissenen Metropole beidseits des Ljubljanica-Flusses geht es heute angenehm gelassen zu, wobei auch Muße und Genuss keineswegs zu kurz kommen: schmucke Parkanlagen, zahlreiche bunte Märkte, entspannte Straßencafés, fröhliche Bars und gemütliche Restaurants – hier herrscht eine Atmosphäre unaufgeregter Lebensfreude. Ja, Ljubljana ist eine Perle, klein, schillernd und exquisit.

SPAZIERGANG IN DER ALTSTADT

Überschaubar, verträumt und dennoch sehr lebendig: Zwischen Burghügel und Fluss liegt die autofreie Altstadt, gesegnet mit dem architektonischen Erbe farbenfroher Bauten aus Renaissance, Barock und Jugendstil. Mediterrane Leichtigkeit ist in den hübschen Gassen und luftigen Plätzen zu Hause, und in kleinen Geschäften und Straßencafés, zwischen prächtigen Baudenkmälern, grünen Flecken und Brücken geht es ebenso belebt wie entspannt zu. Das Tor zur Altstadt ist der **Prešeren-Platz** (Prešernov trg) mit seinem rosafarbenen Hingucker, der **Franziskanerkirche**

REISEZEIT

In ungeraden Jahren findet von September bis November die Grafik-Biennale in Ljubljana statt, die mit annähernd 500 Künstlern aus rund 50 Ländern die weltweit größte und zugleich eine der international meistbeachteten Veranstaltungen auf diesem Gebiet ist.

Südosteuropa

VIEL MEHR ALS EIN STREETFOOD-FESTIVAL IST DIE »OFFENE KÜCHE« AM POGAČARJEV TRG.

Mariä Verkündigung (Frančiškanska cerkev Marijinega oznanjenja; 17. Jahrhundert). Ein Baudenkmal zu Füßen hat, wer den Fluss Ljubljanica über die **Drei Brücken** (Tromostovje) des Architekten Jože Plečnik (1872–1957) überquert, der in Ljubljana überall seine Handschrift hinterließ. Auf dem Stadtplatz steht das **Rathaus** (Mestna hiša) und mit dem **Robba-Brunnen** (Robbov vodnjak) der drei Krainer Flüsse eines der schönsten Barockdenkmäler Europas. Nur einen Katzensprung weiter gelangt man zum sonnengelben romanisch-barocken **Dom St. Nikolaus** (Katedrala Sv. Nikolaj) und von dort zur viel fotografierten **Drachenbrücke** (Zmajski most). Wem der Spaziergang zu anstrengend gerät, kann in eines der vier grünen Elektroautos namens »Kavalier« steigen, die auf Handzeichen halten und einen gratis durch die Altstadt kutschieren.

LJUBLJANA VON OBEN

Trutzig thront die Burg **Ljubljanski grad** als Wahrzeichen oberhalb der Stadt, auf einem markanten, schon in der Eisenzeit angelegten Hügel. Dort haben einst schon die Illyrer, Kelten und schließlich die Römer gebaut. Anno 1144 wird die Burg erstmals als Sitz der Spanheimer (Herzöge von Kärnten) erwähnt. Im 17. Jahrhundert erweitert, diente sie später nur noch als Festung und Kerker. Von der Altstadt gelangt man per Seilbahn oder zu Fuß zur Burg, und oben angekommen, führt im Museum ein virtueller Spaziergang durch die Jahrhunderte. Das historische Gemäuer bietet verschiedene Ausstellungen, dazu (Erlebnis-)Führungen, ein Puppenhausmuseum, drei Gastronomiebetriebe sowie einen Jazzclub im Felsensaal. Der Aussichtsturm gewährt grandiose Blicke auf die Stadt und das Umland.

GRÜNE STADTOASE

Eine einzige große Spielwiese für Einheimische wie Touristen ist der **Tivoli-Park** (Mestni park Tivoli), der im westlichen Stadtzentrum beginnt und sich über mehr als 500 Hektar erstreckt: Hohe Bäume, Skulpturen und Blumenfelder verschönern weite Rasenflächen, Wasserspiele plätschern, und Kunstausstellungen sind auf der **Jakopič-Promenade** zu sehen. Hinzu kommen ein tropisches Gewächshaus, ein Spielplatz, Sporthallen und im hinteren Teil sogar ein ganzer Zoo. Entstanden ist die grüne Oase als Park rund um das **Tivoli-Herrenhaus,** das Kaiser Franz Joseph im Jahr 1852 seinem Feldmarschall Radetzky auf Lebenszeit überließ. Im Anwesen logiert heute das **Internationale Zentrum für Graphische Kunst,** u. a. Schauplatz der Grafik-Biennale. Und im **Palais Cekinov** findet man das Museum für zeitgenössische Geschichte.

LJUBLJANA KULINARISCH

Unter freiem Himmel am **Vodnik-Platz** (Vodnikov trg) zwischen der Fleischer- und Drachenbrücke kaufen Ljubljanas Bürger nicht nur ein, sie treffen sich, plaudern am **Denkmal des Poeten Valentin Vodnik** mit Freunden und Bekannten. Farbenfroh liegen Obst und Gemüse aus, hier gibt es Blumen ebenso wie Kleidung, und nebenan, in den von Jože Plečnik entworfenen **Markthallen,** gehen leckere Wurst, feiner Käse, Brot und Delikatessen über die Theke. Beim Streetfood-Event **Odprta kuhna** (offene Küche) am Markt Pogačarjev trg stellen jeden sonnigen Freitag von Mitte März bis Ende Oktober Köche aus slowenischen Restaurants ihr Können unter Beweis.

ÜBERNACHTUNGEN

>> Antiq Palace

Der ehemalige Adelssitz aus dem 16. Jahrhundert hat sich trotz gründlicher Renovierung seinen historischen Charme bewahrt. Die großzügigen Zimmer und Suiten sind in klassisch-antikem Flair gehalten. Schön ist auch der Garten im Innenhof, perfekt die Lage mitten im alten Stadtzentrum.
www.antiqpalace.com

>> Celica

Gefangen nimmt einen heute nur noch der Charme des ehemaligen Militärkerkers, stattdessen genießt man die Freiheit, in schicken Zellen hinter Gittern geruhsam zu schlummern. In jedem der 20 Zellenzimmer und allen acht Schlafräumen haben internationale Künstler Hand angelegt – und ein hippes Hostel geschaffen.
www.hostelcelica.com

>> Hotel Nox

Schon die futuristisch anmutende »vernetzte« Fassadengestaltung zeigt, in was man eintritt: In allen 36 von slowenischen Designern gestalteten Räumen kommen Farben, Möbel und Materialien individuell zusammen. Man nächtigt in der Themenwelt seiner Wahl.
www.hotelnox.com

Südosteuropa

Le Corbusier soll über Belgrad gesagt haben, es sei die hässlichste Stadt der Welt am schönsten Ort der Welt. Das sollte man sich einmal selbst genauer ansehen, dann kann man nämlich feststellen, dass zunächst einmal der zweite Teil des Satzes seine volle Berechtigung hat. Belgrad liegt wunderschön am Zusammenfluss von Donau und Save.

Die Altstadt und die aus hellem Stein errichtete Festung, der Belgrad, die serbische Hauptstadt nennt sich selbst Beograd (weiße Burg), seinen Namen verdankt, liegen prominent an der Spitze der Einmündung. Dabei fällt aber auf, dass einige Stellen der Stadt durch ihre wechselvolle Geschichte etwas grau oder gar von Kriegsspuren verkohlt erscheinen. Kelten und Römer, Europa, Byzanz und Osmanisches Reich: Alle hinterließen eindrückliche Spuren ihrer Kultur, während sie um Belgrad stritten. Die jüngste Geschichte als Hauptstadt Jugoslawiens und Serbiens mit ihren zahllosen Konflikten und dem Milošević-Regime zeigt dagegen noch ihre destruktive Seite. Das von NATO-Bomben während des Kosovokriegs getroffene Verteidigungsministerium steht unverändert als mahnende Ruine in der Stadt. Diese Vergangenheit sorgt aber auch dafür, dass man Belgrad als eine Metropole im Aufbruch wahrnimmt, in der Aufbau und Aufarbeitung Hand in Hand mit einem erwartungsvollen Blick in die Zukunft gehen. Das mitzuerleben ist an der Oberfläche vielleicht nicht unbedingt schön, kann aber, wie man in Berlin weiß, auch sehr sexy sein. In Belgrad lohnt ein »zweiter« Blick.

STADTPANORAMA

Auf der Anhöhe am Zusammenlauf der Flüsse Donau und Save wurde schon zu Zeiten der Kelten und Römer eine Siedlung mit Befestigungsanlage errichtet, die im 15. Jahrhundert zur mittelalterlichen Burg ausgebaut wurde. Ihre heutige Form nahm sie schließlich im 18. Jahrhundert an. Als Wahrzeichen ist die **Festung Belgrad** nicht nur Namenspatron, sondern auch der Grundstein, aus dem die gesamte Stadt hervorging. Heute kann man sie besichtigen, das dort untergebrachte **Militärmuseum** besuchen und durch den dazugehörigen **Park Kalemegdan** flanieren. Dabei hat man von den Mauern und Türmen sowie vom Park aus immer einen fantastischen Blick auf die beiden Flüsse und das Stadtpanorama Belgrads, das allein schon den Besuch wert ist.

REISEZEIT

An welchen Tagen sollte man nach Belgrad reisen? Natürlich an den »Tagen Belgrads«! Zwischen dem 16. (erste urkundliche Erwähnung Belgrads) und dem 19. April (Erlangung der Unabhängigkeit) wird in der stets feierwilligen Stadt ein besonders großes Fest veranstaltet.

EINE HAGIA SOPHIA FÜR SERBIEN

Als ein absolutes Prestigeprojekt begann die Planung dieses gigantischen Kirchenbaus bereits in den 1920er-Jahren, bis vor Kurzem wurde im Innenraum des **Doms des Heiligen Sava** daran gebaut. Schon von außen ist an der mächtigen Domkuppel mit ihren Tetrakonchen sowie dem historistisch-neobyzantinischen Stil die Hagia Sophia in Istanbul als primäre Inspirationsquelle deutlich zu erkennen. Zudem gilt die zum UNESCO-Weltkulturerbe gehörende Klosterkirche Gračanica südlich der kosovarischen Hauptstadt Priština als wichtiger Bezugspunkt. Wie ihr großes Vorbild hat die Hauptkuppel einen Durchmesser von 30,50 Metern. Bei einer Gesamthöhe von nahezu 80 Metern steht sie für eine wahrlich mächtige Raumerfahrung. Während des letzten Jahrzehnts wurde auch der Innenraum des serbisch-orthodoxen Prunkbaus zusehends ausgestattet.

MUSEEN

Er ist eine der berühmtesten Persönlichkeiten der Wissenschafts- und Technikgeschichte des 20. Jahrhunderts. Auch in Filmen und Büchern ranken sich viele Mythen um den ingeniösen Wissenschaftler und Erfinder Nikola Tesla. Das ihm gewidmete **Nikola Tesla Museum** in einem schönen Stadtpalais verwaltet seinen Nachlass, während zugleich eine Ausstellung seine Biografie und sein Werk beleuchtet. Private Gegenstände, Patente und Schriften lassen sich genauso bewundern wie viele seiner Apparaturen und Erfindungen. Letztere lassen sich auch spielerisch und experimentell kennenlernen, wenn die Exponate zum Leben erweckt werden. Ein im wahrsten Sinne des Wortes elektrisierendes Museum mit jährlich rund 150 000 Besuchern.

Die Republik Jugoslawien war eng verbunden mit den Namen Josip Broz, genannt Tito. Unter ihm wurde die Republik Jugoslawien aus der Wiege gehoben, und ebenso ist auch ihr Ende eng mit seinem Tod verknüpft. Obgleich die Republik viel eher eine auf Titos Personenkult bauende Diktatur war, hält die Verehrung immer noch an. Das **Museum der Geschichte Jugoslawiens** macht dies deutlich. Seine Ausstellungen, verteilt auf drei Gebäude, präsentieren die große Nähe von Staats- wie Personengeschichte. Das ist nicht nur äußerst interessant, sondern stellenweise auch durchaus kurios, wenn man im Alten Museum die Sammlung an Staatsgeschenken an Tito oder im Haus der Blumen, das zugleich Mausoleum ist, die Kollektion von Staffelstäben betrachtet, die er stets am »Tag der Jugend« überreicht bekam. Im Haus des 25. Mai findet eine kritischere Würdigung anhand von wechselnden Sonderausstellungen statt.

Mit dem Bau des **Museums für zeitgenössische Kunst** in Novi Beograd (Neu-Belgrad), am linken Ufer der Sava, gelang in den 1960er-Jahren ein aufsehenerregender Coup. Das eigenwillige und durch abstrakte Eleganz bestechen-

TESLA STARB 1943 IN NEW YORK. DIE URNE MIT SEINER ASCHE STEHT IM NIKOLA TESLA MUSEUM.

de Gebäude wurde international gefeiert und seine kantige Form nicht umsonst mit einem Juwel verglichen. Großzügige Fensterfronten versorgen die Ausstellungsflächen optimal mit Tageslicht. Die Räume zeichnen sich durch Weitläufigkeit auf den einzelnen Ebenen aus, die bei Bedarf durch temporäre Trennwände abgeteilt werden können. Hier haben schon weltberühmte Stars wie Marina Abramović oder Dragan Ilić ausgestellt. Ergänzt wird das Programm durch eine illustre Runde internationaler Künstlerprominenz, sodass man hier auch schon Werken von Marcel Duchamp oder Pablo Picasso, Yves Klein und Emil Nolde begegnen konnte. Das Museum ist von einem Skulpturenpark mit Werken der wichtigsten jugoslawischen Bildhauer des 20. Jahrhunderts umgeben.

ÜBERNACHTUNGEN

›› Boutique Hotel Museum

Äußerst stilvoll eingerichtet, sorgen umfassend ausgestattete Zimmer und ein kleiner Wellnessbereich für einen entspannten Aufenthalt. Die schöne Altstadtlage garantiert Nähe zu vielen Sehenswürdigkeiten und Ausgehmöglichkeiten.
www.hotelmuseum.rs

›› Garni Hotel D10

Auf der Westseite der Sava am Donau-Ufer im schönen Stadtteil Zemun erwartet einen das funktional und zugleich stilvoll eingerichtete Hotel mit hauseigenem Restaurant, dessen schöne Zimmer einen optimalen Ruhepol nach einem langen Sightseeing-Tag darstellen.
www.hoteld10.com/en/home.html

52 DUBROVNIK

»Wenn Du den Himmel auf Erden sehen willst, dann besuche Dubrovnik«, soll George Bernard Shaw 1929 über die »Perle an der Adria« geschwärmt haben. Es scheint, als wollten die vielen Passanten auf der Hauptstraße Stradun dessen glänzendes, glatt poliertes Marmorpflaster noch ein wenig glänzender machen, damit sich der Himmel darin spiegeln kann.

SEIT JAHRHUNDERTEN TROTZT DIE IMPOSANTE STADTMAUER DUBROVNIKS DEM MEER.

Die Stadt und ihr Umland sind ein Urlaubsparadies: Verwöhnt von rund 250 Sonnentagen, milden Temperaturen das ganze Jahr über, einer reizvollen Umgebung und der blau glitzernden Adria. Dubrovnik selbst trumpft auf mit viel mediterranem Lebensgefühl, Cafés, kleinen Restaurants und Lädchen in den autofreien Gassen und mit einem abwechslungsreichen Nachtleben. Noch dazu ist Dubrovnik kulturhistorisch gesehen ein Kleinod: In der von der UNESCO zum Welterbe erklärten Altstadt findet sich eine Vielzahl einzigartiger Sehenswürdigkeiten und Gebäude.

VOM PILE-TOR ZUM LUŽA-PLATZ

Ein Entrée als Machtdemonstration – genau das ist das westliche **Pile-Tor** (Vrata od Pile). Es besteht aus einem äußeren Renaissancetor und einem inneren gotischen Zugang. Den Platz hinter dem Pile-Tor beherrscht eine eigenwillige, 16-seitige Konstruktion, der **Große Onofrio-Brunnen** aus dem Jahr 1438. Im Franjevački samostan, dem **Franziskanerkloster,** erwarten den Besucher ein spätromanischer Kreuzgang mit einem intimen kleinen Garten, ein Museum sakraler Kunst und eine historische Apotheke. Die breite, schnurgerade verlaufende marmorgepflasterte Straße **Stradun** zwischen Pile-Tor und dem Marktplatz Luža nennen die Einheimischen »Placa« und werden nicht müde, zur Corso-Zeit am frühen Abend auf ihr entlang zu spazieren. Auf dem **Luža-Platz** am Ende der 300 Meter langen Flaniermeile steht die

ÜBERNACHTUNG

>> **Karmen Apartments**

Vier liebevoll eingerichtete Apartments mit Blick über den alten Hafen, dazu sehr persönliche und herzliche Betreuung. www.karmendu.com

Rolandsäule, Symbol der bürgerlichen Freiheit, und auf dem **Luža** genannten Gebäude mit Uhrturm schlagen »Maro« sowie »Baro« die Uhrzeit – die beiden Bronzefiguren von Michele di Giovanni (um 1480). Die zierliche Fassade des ehemaligen Zollhauses im Mischstil von Gotik und Renaissance könnte ebenso gut in Venedig stehen: Der im 16. Jahrhundert errichtete **Spoza-Palast** ist heute Domizil des Stadtarchivs.

STADTMAUERRUNDGANG

Knapp 2 Kilometer ist das Bollwerk lang, das Dubrovnik mit 4–6 Meter dicken Mauern zur Landseite und 1,5 bis 3 Meter breiten zur See hin sichert. Dazu kommen 16 Türme und fünf Festungen. Man kann Dubrovnik auf der Stadtmauer komplett umwandern.

REISEZEIT

Dubrovnik droht in den Sommermonaten an seinem einzigartigen Ruf buchstäblich zu ersticken. Man sollte die marmorne Schönheit nicht im Juli oder August besuchen.

Südosteuropa

53 TIRANA

Den Startschuss zur Gründung der heutigen Hauptstadt Albaniens gab der Geschäftsmann Sulejman Pascha Bargjini Anfang des 17. Jahrhunderts, als er zwischen den Flüssen Tirana und Erzen eine Moschee und eine Karawanserei eröffnete. Schnell bildete sich drumherum eine florierende Siedlung. Die Einflüsse des Osmanischen Reichs sind auch heute noch in Tirana präsent.

DAS DACH DER NEUGESTALTETEN PYRAMIDE VON TIRANA DIENT JETZT ALS AUSSICHTSPLATTFORM.

Der zweite wichtige Einfluss, der das heutige Tirana prägt, fällt in die Zeit nach dem Zweiten Weltkrieg, die ein Erstarken der Kommunistischen Partei und die Machtergreifung durch ihren Gründer Enver Hoxha sah. Die mehr als 40 Jahre andauernde Diktatur brachte nicht nur viel Leid über die Bevölkerung, sondern auch die Architektur des sozialistischen Klassizismus. Der Skanderbeg-Platz mit seiner riesigen Freifläche für Massenveranstaltungen, eingefasst von monumentalen Prachtbauten, ist dafür das prominenteste Beispiel. Doch seit einigen Jahren macht Tirana ganz andere Schlagzeilen. Nämlich als boomende Metropole. Aufbruchsstimmung und Lebensfreude machen die Studentenstadt zum lebens- und sehenswerten Geheimtipp, der einen so schnell nicht wieder loslassen wird.

STADT DER CAFÉS UND DES RAKI

Man sollte die Stadterkundung am besten mit einem Kaffee beginnen, Tirana ist nämlich eine Kaffeehaus-Stadt. Eventuell gefolgt von einem Raki, ein Schnaps, der den Albanern heilig ist. Vom Komiteti – Kafe Muzeum, das 50 Sorten Raki anbietet, ist es dann auch nicht mehr weit zur Pyramide von Tirana, jenem mittlerweile neu gestalteten Bauwerk, das Diktatorentochter Pranvera Hoxha zu Ehren ihres Vaters entwarf.

AM SKANDERBEG-PLATZ

Direkt am Skanderbeg-Platz, er ist das Herz der Stadt, steht das Historische Nationalmuseum. Der Bau mit seinem gigantischen Mosaik über dem Eingangsbereich ist ein klassisches Beispiel sozialistischer Repräsentationsarchitektur. Direkt an den Platz angrenzend steht die 1821 eröffnete Et'hem-Bey-Moschee mit den weit ausgebreiteten Armen ihres Vordachs und dem Glockenturm.

STADT DER BUNKER

Tirana und ganz Albanien wurden unter dem Regime Enver Hoxhas dicht bepflanzt mit Bunkern. An zwei Stellen können sie besichtigt werden: Bunk'Art 1 liegt etwas außerhalb der Stadt, Bunk'Art 2 in Tirana selbst. Beiden Orten gelingt es auf ganz außergewöhnliche Weise, einem die Geschichte Albaniens plastisch vor Augen zu führen.

ÜBERNACHTUNG

>> **Freddy's Hotel**

Die Zimmer verfügen über alles, was man für einen gelungenen Aufenthalt braucht. *www.freddyshotel.com*

REISEZEIT

Jährlich wird am 14. März der »Dita e Verës«, der Sommertag, begangen. Er geht zurück auf den julianischen Kalender. In Tirana ist er heute Anlass zu einem großen Volksfest.

Über der attischen Tiefebene, inmitten einer bis zum Horizont reichenden, surrealistisch anmutenden Stadtwüste, erhebt sich die Akropolis, das Herz und Wahrzeichen der Stadt. Athen, einst das politische und kulturelle Zentrum des antiken Hellas, war die Wiege der europäischen Demokratie und Philosophie und spielte eine herausragende Rolle für die Entwicklung Europas.

Nachspüren lässt sich dieser langen Vergangenheit an allen Ecken und Enden, an und in unzähligen Denkmälern und archäologischen Stätten überall in der Stadt. Für viele entfaltet sich der Charme Athens erst langsam, es wirkt zunächst spröde, vielleicht sogar ein wenig hässlich mit seinen weißlich-gräulichen Betonfassaden. Wenn sich jedoch nachts ein sanfter Schimmer über die Häuser legt, ist man schnell mit der Hitze des Tages, der Hektik und dem Straßenlärm ausgesöhnt; und in den Cafés und Bars tummeln sich die Gäste. Wer die zwei Gesichter der Kapitale kennenlernt – einerseits die jahrtausendealte Kulturstadt, andererseits die pulsierende Metropole der Moderne –, erliegt ihrer Faszination. Athen, das ist die Keimzelle des antiken Europas und vielleicht auch im Hier und Jetzt die Stadt, in der sich die Zukunft Europas mitentscheiden wird.

MUST-SEE

Gegen die Bedrohung der Perser gründeten die Griechen 477 v. Chr. den Attischen Seebund, in dem Athen die Führung übernahm. Ausdruck dieser Macht ist die 467–416 v. Chr. errichtete **Akropolis** (Oberstadt) auf dem 156 Meter hohen Hügel. Der **Parthenon**, mit 2145 Quadratmetern größter Akropolis-Tempel, war die Huldigung Athens an Athene, die Göttin der Weisheit. Aus dem weltberühmten Säulenbau raubte Lord Elgin, britischer Diplomat zu Zeiten osmanischer Herrschaft über Athen, ab 1801 etliche Skulpturen, die er dem British Museum in London teuer verkaufte. Erst seit dem 20. Jahrhundert wird die Akropolis restauriert, so etwa die **Propyläen** (Vorhöfe), das **Erechtheion** mit seinen sechs Säulen in Damengestalt und das **Dionysostheater,** das 17 000 Zuschauern exzellente Akustik bietet. Unbedingt besuchen sollte man auch das im Jahr 2009 eröffnete **Akropolismuseum.**

Direkt unterhalb der Akropolis liegt **Plaka.** Kleine Häuser plus schmale Gassen = Plaka-Flair: So lautet die Formel

REISEZEIT

Die Sommer in Athen können sehr heiß und trocken werden, die Winter sind zwar mild, aber häufig regnerisch. Von daher empfiehlt sich ein Besuch im Herbst oder Frühjahr, z. B. Ende Mai/Anfang Juni zum Technopolis Jazz Festival.

des seit mehr als 3000 Jahren durchgehend bewohnten alten Stadtviertels. Es gibt Kitsch neben Kunst, Cafés und Tavernen, Souvenirläden sowie Boutiquen – und den beliebten **Monastiraki-Flohmarkt.** Fast das gesamte Viertel ist Fußgängerzone.

Nobelboutiquen und Nabelschau: Im **Kolonáki-Viertel** treffen sich Stars mit Sternchen, die Athener High Society und all jene, die es werden oder daran teilhaben wollen. Zentrum ist der **Kolonáki-Platz,** um den sich noble Cafés und Restaurants gruppieren. Edle Modeboutiquen, hippe Galerien und Juweliergeschäfte bilden eine Einkaufsmeile par excellence. Nichts aber ist so wertvoll wie der Kulturreichtum Griechenlands, der den Besuch des **Benaki-Museums** unbedingt lohnt.

Das politische Zentrum Athens ist der **Syntagma-Platz,** der »Verfassungsplatz«, denn vor dem **Parlamentsgebäude** an der Ostseite des Syntagma enden die Demonstrationen. Proteste haben dort Tradition; schon 1844 rang das Volk König Otto I. eine erste Verfassung ab. Sein Schloss, heute Sitz des griechischen Parlaments, entwarf Friedrich Gärtner 1836. Prächtig auch: der üppig grüne **Nationalgarten** mit der Ausstellungshalle **Zappeion** sowie nahebei das **Olympiastadion** von 1896. Selbst die U-Bahn-Station des Platzes birgt

DAS PLAKA-VIERTEL IST DER KLASSIKER. ANGESAGT SIND ABER AUCH DIE VIERTEL PSIRRÍ UND GÁZI.

SONNTAGS IST DER MONASTIRAKI-FLOHMARKT EIN »PLACE TO BE«. GEFÜHLT GANZ ATHEN WILL HIER ETWAS KAUFEN ODER VERKAUFEN. FRÜH KOMMEN LOHNT SICH!

Erstaunliches: Sie zeigt antike, beim Bau gefundene Objekte.

AUF DEM WOLFSHÜGEL

Zu Fuß oder per Standseilbahn (Teleferik) durch einen Tunnel lässt sich der 277 Meter hohe Athener Hausberg **Lykabettus** (Likavittós) erklimmen. Oben, an der schmucken weißen Kapelle des heiligen Georg, öffnet sich der schöne Blick über das Häusermeer – an klaren Tagen über Piräus bis zum Peloponnes.

ÜBERNACHTUNGEN

>> Acropolis Hill

Von der Dachterrasse und teils vom Balkon aus kann man die nahe Akropolis schon vor dem Besuch bewundern; schön ist auch der Blick über ganz Athen. Geschmackvoll eingerichtete, moderne Zimmer und ein hübscher Innenhof-Pool mit Holzterrasse.
www.acropolishill.gr

>> NJV Athens Plaza Hotel

Am Syntagma liegt das luxuriöse 5-Sterne-Haus, das 180 in einem Mix aus klassischer Eleganz und zeitgenössischer Moderne gehaltene Zimmer und Suiten offeriert.
www.njvathensplaza.gr

>> Adrian Hotel

Kleines, gepflegtes Hotel unweit des Monastiraki-Platzes im Herzen der Plaka mit gemütlichen Zimmern und modernen Bädern. Den Parthenon im Blick hat man obendrein, wenn das Frühstück in den wärmeren Monaten auf der Dachterrasse serviert wird.
www.adrianhotel.eu/de

1 BELIEBTES STREETFOOD IN ATHEN SIND U. A. DIE SESAMKRINGEL KOULOURI.

2 DER ERECHTHEION-TEMPEL AUF DER AKROPOLIS IST BEKANNT FÜR SEINE KARYATIDEN.

3 SOPHOKLES, EURIPIDES, AISCHYLOS UND ARISTOPHANES: SIE ALLE PRÄSENTIERTEN IHRE WERKE IM DIONYSOSTHEATER.

4 ENTSPANNUNG IN ÜPPIG GRÜNER NATUR: DER NATIONALGARTEN ATHENS.

5 ZWISCHEN DEM PLAKA-VIERTEL UND DER MODERNEN EINKAUFSSTRASSE ERMOU LIEGT DER QUIRLIGE MONASTIRAKI-PLATZ.

Am Rande Europas liegt eine seiner (eigentlich) coolsten Metropolen. Sie erstreckt sich über zwei Kontinente zwischen Orient und Okzident. Rund 2000 Jahre Kultur erwarten einen am Bosporus, einzigartige Bauwerke, aber auch faszinierende Basare und coole Clubs wie das rundum verglaste Dachterrassenlokal 360Istanbul, das eine traumhafte Rundsicht bietet.

Noch vor wenigen Jahren galt das ehemalige Konstantinopel, die einstige Hauptstadt der griechischen Byzantiner wie der Osmanen, als so etwas wie eine orientalische Drittweltmetropole. Eine kulturelle Hochphase folgte, Künstler aus aller Welt kamen. Viele blieben – trotz der politischen Lage. Die Reste und Schätze der Vergangenheit ziehen nach wie vor an: der Topkapı-Palast mit seinen Kleinodien, die Hagia Sophia, die Stadtmauern, die großen Moscheen Sinans. Diese klassischen Publikumsmagneten sollte man genauso wenig versäumen wie einen Bummel durch die Basare und Gassen innerhalb der historischen Stadtmauern. Doch zum alten Istanbul sind aufstrebende Trendviertel wie **Ortaköy** an der Bosporusbrücke gekommen, mit Bars und Musikclubs; hier ist die Kreativität und Avantgarde zu Hause. Istanbul lebt seine Widersprüche und bleibt ebenso faszinierend wie schön.

IM TÜRKISCHEN BASAR

Der Kapalı Çarşı, über dessen rote Ziegeldächer James Bond in »Skyfall« (2012) raste, ist ein Reich der Sinne, das auf den Besucher einstürmt. Auf dem breiten Pflasterweg der Kalpakçılar Caddesi, in der die Juweliere und Andenkenhändler ihre Ware feilbieten, prasseln die Angebote in allen nur denkbaren Sprachen auf Touristen ein. Also schnell tiefer hinein in die kleinen Gassen: Hier offenbart sich der wahre Zauber des **Großen Basars.** Noch immer arbeiten hier manche Verkäufer gleichzeitig als Handwerker. Die Armenier waren immer die hervorragendsten Silberschmiede, die Usbeken hatten den besten Ruf als Sticker und Knüpfer, die Kurden webten die buntesten Kelims, und die Türken schneiderten die sorgfältigsten Lederarbeiten. Istanbul ist nach wie vor der beste Platz im Orient, um türkische, persische, usbekische, kasachische und turkmenische Teppiche zu kaufen.

Den Duft von Zimt, Kümmel, Thymian, Safran, Rotpfeffer, verriebenen Kokosnüssen und Minze sucht man dagegen lieber im **Ägyptischen Basar** (Mısır Çarşı) an der **Galatabrücke** (Galata

REISEZEIT

Die international etablierte Istanbul-Biennale mit avantgardistischer politischer Kunst findet im September und Oktober ungerader Jahre statt. Ansonsten ist die beste Reisezeit im Frühling und im Herbst: nicht zu schwül-heiß, nicht zu nasskalt.

Köprüsü) im Stadtteil **Eminönü,** wo Gewürze, Weihrauch und Rosenöl die Sinne kitzeln. Noch heute vertreiben die heilkundigen »Attar« Pillen und Pasten, die besser wirken sollen als so manches schulmedizinische Mittel und darüber hinaus reine Natur sind – in geheimster Mischung, versteht sich!

UNTERWEGS AUF DEM BOSPORUS

Auf 31 Kilometer Länge trennt der **Bosporus** Europa von Asien, verbindet er das Marmarameer mit dem Schwarzen Meer – und natürlich ist er die Lebensader Istanbuls. Im 7. Jh. v. Chr. waren es die Griechen, die als Erste ihre Boote hier an Land zogen, heute überqueren Tag für Tag Millionen den Bosporus auf Fähren, auf dem sich zudem noch Fischerboote, Frachter, Tanker tummeln. Unbedingt zu empfehlen ist eine **Bootstour,** bei der sich die Höhepunkte der Stadt wie ein bewegtes Bilderbuch aufblättern: Villen, Paläste, Parks – und natürlich der Bosporus selbst, bald kilometerbreit. Ablegestelle der meisten Schiffe ist das Hafenviertel Eminönü.

MUST-SEE

Als Wachturm erbauten die Genuesen ab 1348 das Wahrzeichen der Stadt, den **Galataturm** (Galata Kulesi), der ab dem 16. Jahrhundert bis in die 1960er-Jahre als Brandwache fungierte. Überragend ist der Blick aus 67 Meter Höhe, der über das **Goldene Horn,** das **Altstadtviertel,** den Bosporus und die asiatische Seite reicht. Wer Anstehen vermeiden möchte, kommt am besten vormittags oder bucht abends einen Tisch im Restaurant.

Ein Querschnitt durch die Geschichte der Stadt findet sich in der gewaltigen Kuppelbasilika **Hagia Sophia** (Ayasofya). Im Auftrag von Kaiser Justinian im 6. Jahrhundert als griechisch-orthodoxe »Heilige Weisheit« errichtet, wurde sie in Folge der Eroberung Konstantinopels durch ein Kreuzfahrerheer im 13. Jahrhundert römisch-katholisch – und nach der osmanischen Eroberung 1453 schließlich zur Moschee mit vier Minaretten umgebaut. Kemal Atatürks laizistische Reform der Türkei verwandelte die Hagia Sophia 1934 in ein Museum, das zahllose Besucher verzauberte: großartig, wenn das Licht durch die 56 Meter hohe Kuppel fällt und all die Mosaiken und Fresken zum Leuchten bringt. Unter vielfachem Protest wurde das UNESCO-Welterbe auf Bestreben von Präsident Erdoğan 2020 wieder zur Hauptmoschee der Stadt erklärt.

Eine Stadt in der Stadt war der nahezu 70 Hektar große **Topkapı-Palast** (Topkapı Sarayı), den Mehmed II. nach der Eroberung Konstantinopels bauen ließ. Bis zu 5000 Menschen lebten hier, vier Innenhöfe grenzen einzelne Teile ab – darunter den **Harem,** wo die Sultansmutter Regie über 2000 Frauen führte. Prunkvollster Raum ist der **Saal des Sultans,** weiterer Höhepunkt des Museums sind die Schätze, angehäuft in fast 500-jähriger Herrschaft.

ISTANBUL IST EIN HOCHSPANNENDES POTPOURRI ZWEIER KONTINENTE: EUROPA UND ASIEN.

ÜBERNACHTUNGEN

›› Büyük Londra – Grand Hotel de Londres

Einst nahmen Reisende des Orient-Express im quirligen Beyoğlu in dieser Hotellegende Quartier: Wer den wunderbar altmodischen Charme der kronleuchterbeschwerten, rotsamtenen Säle betrachtet, meint beinahe, das sei erst gestern gewesen. Seither ging viel Prominenz ein und aus, darunter Ernest Hemingway oder in jüngerer Zeit Fatih Akin, der hier 2005 seinen Dokumentarfilm »Crossing the Bridge: The Sound of Istanbul« drehte. Noch heute klasse: ein Drink auf der Terrasse mit Blick übers Goldene Horn.
londrahotel.net

›› Dersaadet Hotel

Osmanisches Herrenhaus aus dem 19. Jahrhundert mit Zimmern im traditionellen Stil, die aber modernen Komfort bieten. Gefrühstückt wird auf der Dachterrasse, der Blick über den Bosporus ist inklusive.
www.hoteldersaadet.com

›› Tashkonak

Das familiengeführte Hotel nahe der Blauen Moschee (Sultan Ahmet Camii) verspricht mit seinen stilvollen Zimmern und dem hübschen Garten einen rundum erfreulichen Aufenthalt. Von der Panoramaterrasse aus kann man der Sonne beim Untergehen zuschon.
www.hoteltashkonak.com

Südosteuropa

MIT »Nice to meet you!«

POLYGLOTT

AUF ENTDECKUNGSTOUR

Neue LIEBLINGSORTE entdecken mit unseren prominenten Autorinnen und Autoren, die Sie auf eine ganz persönliche Reise mitnehmen.

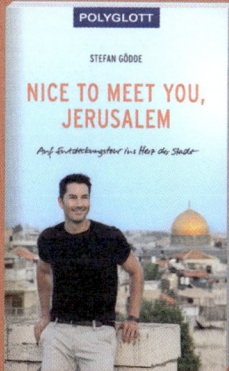

Überall, wo es Bücher gibt und auf holiday-books.de

IMPRESSUM

Alle Angaben in diesem Reisebuch sind gewissenhaft geprüft. Für ihre Vollständigkeit und Richtigkeit kann der Verlag jedoch keine Haftung übernehmen. Aus Gründen der besseren Lesbarkeit wird in diesem Buch bei Personenbezeichnungen das generische Maskulinum verwendet. Es gilt gleichermaßen für alle Geschlechter.

© 2024 GRÄFE UND UNZER VERLAG GmbH, Postfach 860366, 81630 München

POLYGLOTT

POLYGLOTT ist eine eingetragene Marke der GRÄFE UND UNZER VERLAG GmbH

ISBN 978-3-8464-1020-2

1. Auflage 2024

Alle Rechte vorbehalten. Nachdruck, auch auszugsweise, sowie Verbreitung nur mit schriftlicher Genehmigung des Verlages. Die automatisierte Analyse des Werkes, um daraus Informationen insbesondere über Muster, Trends und Korrelationen gemäß § 44b UrhG (»Text und Data Mining«) zu gewinnen, ist untersagt.

Autoren: Josephine Grever, Ralf Johnen, Susanne Kilimann, Rasso Knoller, Friedrich Köthe, Stefan Maiwald, Renate Nöldeke, Christian Nowak, Peer Pierrot, Wolfgang Rössig, Moritz Schumm, Felix Woerther
Redaktion und Projektmanagement: Benjamin Happel
Lektorat: Karen Dengler, Werkstatt München
Satz: Anja Dengler, Werkstatt München
Bildredaktion: Dr. Nafsika Mylona, Fabian Riedel
Schlusskorrektur: Martin Waller, Werkstatt München
Umschlaggestaltung: Birgit Kohlhaas
Layout: Anja Dengler, Werkstatt München
Herstellung: Gloria Schlayer
Repro: Medienprinzen, München
Druck und Bindung: DZS Grafik, Slowenien

Bildnachweis
Adobe Stock: Ivan Gener/Stocksy Cover; Ints 76; Roman Babakin 124; dimbar76 128.1; Leonid ANDRONOV 156; Robert Bertold 166 – Alamy Stock Photo: Jon Sparks 18 – Getty Images: Fang Yan 5; Guven Ozdemir 6; Joe Daniel Price 8; David Soanes Photography 17; Drazen_ 20.2, 44; Maremagnum 22; Karl Hendon 24.1; Raquel Arocena Torres 26; Kavalenkava Volha 30.2; Peter Cade 33; Alexander Spatari 36.2, 80, 82, 88.2, 199, 202.2; F.J. Jimenez 39; Jacques LOIC 40; Westend61 46; Leonardo Patrizi 60.1; FluxFactory 66; diegograndi 70.1; Oleh_Slobodeniuk 72; Antagain 88.1; Alexander Spatari 88.2; martin-dm 92; Richard l'Anson 146; MStudioImages 148; Frank Velasquez 162.2; Sanga Park 201.1; Asia-Pacific Images Studio 205 – **Huber Images:** Francesco Carovillano 96; Reinhard Schmid 110; Susanne Kremer 20.1, 24.2 – **Imago Images:** Cover-Images 194 – laif: Peter Hirth 53, 56; Pierre Adenis 102 – **Nikola Tesla Museum:** 191 – **Pexels:** Alessio Cesario 24.3 – **picture alliance:** Clodagh Kilcoyne 14 – **seasons.agency:** Jalag/Natalie Kriwy 42; Jalag/Theis, Gulliver 98.1; Jalag /Hänel, Gerald 98.2; Jalag/Borges, Darshana 112; Jalag/Schmitz, Walter 117, 120; Jalag / Renner, Volker 122; Jalag / Lehmann, Herbert 135; Jalag / Körte, Christina 152 – **Shutterstock:** Jaime Romero-Requejo 10.2; Monkey Butler Images 25.2; Sun_Shine 34; Iurii Dzivinskyi 48.2; Danita Delimont 58.3; Inspired By Maps 64; Finn stock 68; Kapi Ng 74; Tommy Alven 78; Kingcraft 86; frantic00 104; Nyokki 106; Matej Kastelic 114.1; Salvador Maniquiz 118.3; George Trumpeter 128.2; katatonia82 131; Triff 134; K3S 136; dezy 139; Alexandre Rotenberg 143; BONDART PHOTOGRAPHY 144.1; Artaporn Puthikampol 144.2; Serhii Samovyk 150.1; StevanZZ 150.2; Songquan Deng 150.3; Anibal Trejo 151.1; joserpizarro 151.2; LucVi 154; JJFarq 155; ismel leal pichs 158; funkyfrogstock 161; Dan Novac 168; Paolo Gallo 170; Radiokafka 174; Breslavtsev Oleg 177; Izabela23 180; Matej Kastelic 186; Devalro 192; Alexandros Michailidis 198 – **Stocksy:** Tom Uhlenberg 84.3 – **Unsplash:** David Cashbaugh 10.1; mana5280 12; Matheus Camara da Silva 16; Bruno Martins 25.1; Antonio Molinari 28; Emma Vendetta 30.1; Hoejin Iwai 36.1; Etienne Girardet 48.1; T 50; Catalina Johnson 54; Fredrik Ohlander 58.1; Lea Moureau 58.2; Anna Hunko 59.1; Daniel Masajada 59.2; Oliver Cole 60.2; Lawrence Chismorie 62, 160; Pille R Priske 70.2; Brian Kyed 83; Kirill 84.1; Julia Cheperis 84.2; Kasper Rasmussen 85.1; Michael Shannon 85.2; Victor Malyushev 90; Lukas Zischke 95; Jeison Higuita 105; Jan Antonin Kolar 118.1, 118.2; Sandra Grunewald 119.1; Vincent 119.2; Leyre 132; Julian Dik 140; Agnieszka Stankiewicz 142; Lawrence Chismorie 160; Stijn Te Strake 162.1; Jonathan Ford 164; Chad Greiter 172.1; Gabriella Clare Marino 172.2, 173.1; Spencer Davis 172.3; Marialaura Gionfriddo 173.2; Florian van Duyn 178.1; Martin Katler 182; Katrina Eglite 184; Mujo Hanovacic 188.1; Nikola Aleksic 188.2; Gavin Wilson 196; Anastase Maragos 200.1; Sergio Garcia 200.2; Alex Presa 200.3; Andrea Leopardi 201.2; Mert Kahveci 202.1 – **Walter Schmitz:** 114.2

Ansprechpartner für den Anzeigenverkauf:
KV Kommunalverlag GmbH & Co. KG,
MediaCenter München, Tel. 089/928 09 60

Bei Interesse an maßgeschneiderten B2B-Produkten:
b2b-kontakt@graefe-und-unzer.de

Leserservice
GRÄFE UND UNZER Verlag
Grillparzerstraße 12
81675 München
www.graefe-und-unzer.de

Ein Unternehmen der
GANSKE VERLAGSGRUPPE

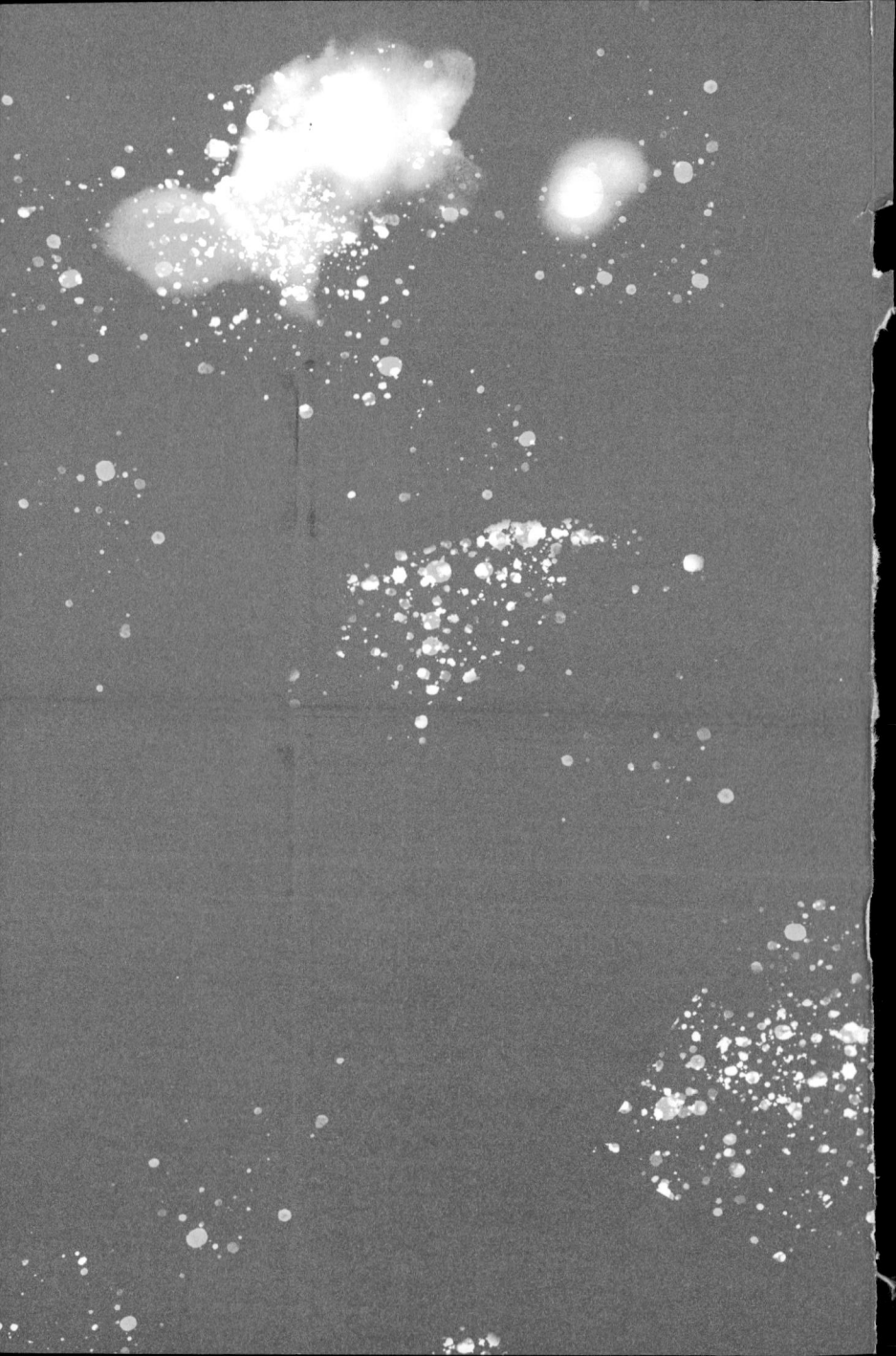

television
Personalities
+ THE CATBURGERS

Sat 8th July

£ 3/ 2:50

9 till late

Acid Punk rock Psychedelic disco

THE VENUE
15-21 Calton Rd